播音主持语言表达艺术研究

周子琳 著

思维训练、播音主持素质修养与语言表达、播音主持语言表达的心理建构四个方面的内容。

在撰写本书的过程中,作者得到了许多专家学者的帮助和指导,参考了大量的学术文献,在此对相关学者表示真诚的感谢。本书内容系统全面,论述条理清晰、深入浅出,但由于作者水平有限,书中难免会有疏漏之处,希望广大同行和读者及时指正。

作者

2022 年 7 月

目 录

第一章　中国播音主持艺术发展概述……………………………………………1
　　第一节　中国播音主持艺术的兴起………………………………………1
　　第二节　中国播音主持艺术的发展………………………………………9
　　第三节　新时代融媒体语境下的播音主持艺术…………………………18

第二章　播音主持中的语言艺术…………………………………………………24
　　第一节　播音主持的作用…………………………………………………24
　　第二节　播音中的语言艺术………………………………………………25
　　第三节　主持中的语言艺术………………………………………………33

第三章　播音主持语言表达的基本原理和基础训练……………………………45
　　第一节　播音主持的呼吸原理和呼吸训练………………………………45
　　第二节　播音主持的发声原理和发声训练………………………………52
　　第三节　播音主持的发声共鸣原理和共鸣训练…………………………64

第四章　播音主持语言表达技巧…………………………………………………71
　　第一节　播音主持话语角色认知构建……………………………………71
　　第二节　播音主持语言表达内部技巧……………………………………83
　　第三节　播音主持语言表达外部技巧……………………………………101

第五章　播音主持语言表达风格…………………………………………………124
　　第一节　播音主持语言表达中的有声语言风格…………………………124
　　第二节　播音主持语言表达中的副语言风格……………………………136

第六章 播音主持语言表达的个性化塑造 …………………………………… 148
　第一节 播音主持语言表达的声音个性 ……………………………………… 148
　第二节 播音主持语言表达的思维训练 ……………………………………… 159
　第三节 播音主持素质修养与语言表达 ……………………………………… 170
　第四节 播音主持语言表达的心理建构 ……………………………………… 178

参考文献 ………………………………………………………………………… 187

第一章 中国播音主持艺术发展概述

广播电视从萌芽到成长、壮大，每一步都与传播技术的进步密不可分。本章节内容为中国播音主持艺术发展概述，主要就中国播音主持艺术的兴起、中国播音主持艺术的发展、新时代融媒体语境下的播音主持艺术三个方面展开论述。

第一节 中国播音主持艺术的兴起

一、广播播音主持艺术的兴起

从 1923 年中国第一座广播电台诞生开始，到 1949 年中央人民广播电台正式成立，这一时期，中国广播播音事业处于兴起阶段，中国广播播音艺术呈现鲜明的政治特色。这一阶段受技术、人才等条件限制，广播主持事业尚未诞生。

（一）共产党领导下的广播事业

1. 抗日战争时期

中国共产党于 1931 年创立了红色中华新闻台，当时建设这个新闻台的器材还是从国民党手中缴获的战利品，新闻台的地点在瑞金，从此中国共产党开始用红色中华新闻台来发布新闻，同时用其来进行外交发言。

1937 年 7 月 7 日卢沟桥事变爆发后，日军开始向我国内地进攻，中共中央为了扩大党的抗日民族统一战线政策的宣传力度，更好地团结各族人民共同抗日，多次提出要在延安建立一座广播电台。直到 1940 年春，中央正式决定成立广播委员会负责广播电台的筹建。当时的发射机房和播音室所在地王皮湾，是一个偏僻山村。当时播音的稿件由新华社提供。

这一阶段，有三个"第一"：中国共产党第一座电台、第一声呼号、中国共产党第一位女播音员（徐瑞璋）。

1940年12月30日，中国共产党第一座广播电台——延安新华广播电台开播。播音时间每天上午、下午各一次，每次一小时左右。内容主要有中共中央文件、《新中华报》社论、《解放》周刊重要论文、国内外新闻、抗日进步歌曲。

第一声呼号：延安新华广播电台，XNCR，现在开始播音。

中国共产党的第一位女播音员是麦风（徐瑞璋），延安新华广播电台的第一声呼号就是由麦风播出的。除了麦风，20世纪40年代初期，女播音员还有姚雯、萧岩和孙茜，她们都从未学过播音，但有较好的语文基础、政治基础和语言表达基础。

1943年春至1945年8月，延安新华广播电台的大型电子管损坏，中断播音两年。

2. 解放战争时期

1945年8月抗战胜利，解放战争爆发。延安新华广播电台在这一阶段经历了"四次迁移"。

（1）第一次迁移：从盐店子到瓦窑堡的好坪沟

延安新华广播电台改名为陕北新华广播电台，时间是1947年3月21日，地点是瓦窑堡的好坪沟。

（2）第二次迁移：从瓦窑堡到太行山麓沙河村

1947年陕北新华广播电台于4月1日正式由晋冀鲁豫解放区第二战备台接替。原邯郸台有于韵琴、兰林、胡迦陵三个播音员，其中于韵琴是南方人，兰林是北方人，她们模仿陕北台播音，使听众难以分辨。4月底，陕北新华广播电台孟启予、钱家楣东渡黄河到太行，中国共产党最早的男播音员之一齐越从这时起加入播音行列，另外还有夏沙、柏立等。同年9月11日，陕北新华广播电台开办英语新闻广播节目，播音员有李敦白和魏琳。

（3）第三次迁移：从沙河村到河北平山县西柏坡村

1948年5月23日，陕北新华广播电台在平山开始播音。发射机房和播音室先设在滹沱河畔的张胡庄，后迁到窟窿峰。原晋察冀台、邯郸台的播音员先后并入陕北新华广播电台。播音组长是孟启予，副组长是丁一岚。播音员有齐越、钱家楣、李惠一、柏立、秋原、杨洁、柏培思、智世民等。

（4）第四次迁移：从西柏坡村到北平

1949年，北平和平解放，国民党北平电台不复存在，徐迈进带领一众播音员于1月31日对其进行了接管。

陕北新华广播电台于1949年3月25日正式更名为北平新华广播电台。

1949年4月21日，北平新华广播电台播出毛泽东主席、朱德总司令的《向全国进军的命令》。毛泽东撰写的新闻稿《我三十万大军胜利南渡长江》《人民解放军百万大军横渡长江》，均由齐越播送。

1949年6月5日，新华社"口播部"改为"中央广播事业处"，处长是廖承志，副处长是李强。1949年10月，中央广播事业处扩充为"中央广播事业局"，局长是李强。1949年北平新华广播电台第一台于12月5日正式改名，其名称最终被定为"中央人民广播电台"，北平新华广播电台第二台也得到正式更名，其名称为"北京人民广播电台"。

1949年10月1日是中华人民共和国的大日子，我国举办了开国大典来正式宣告伟大的中华人民共和国成立了，那一天，播音员丁一岚和齐越通过电台向全国人民直播了这场盛大的典礼，两个人站了足足七个小时，就为了能将开国大典的盛况现场直播给全国人民，齐越对这段经历回忆道："当时我们的广播岗位在天安门城楼西。梅益同志亲临现场指挥，李伍同志负责机务，胡若木、杨兆麟同志负责写稿，丁一岚同志和我负责播音。"开国大典的女播音员丁一岚在其回忆录中写道："临时转播机房设在天安门城楼西侧的拐角处，而发射机房设在天安门城楼前金水河一侧临时搭的木板小屋里。电台精心挑选了延安新华广播电台最好的两支话筒，一个安放在天安门城楼正中间，专为领袖们讲话设置，另一个是为我和齐越播音准备的……那天我穿了一件蓝色双排扣列宁服，留着齐耳短发。齐越穿着系领口的灰色干部服，精神焕发。"齐越认为担任开国大典的播音员是非常值得骄傲和令人自豪的事情，他将这段经历拿出来和学生一起讨论，将这段经历视作人生的宝贵财富和经验。事实上也确实如此。正是因为这次的播音经历，齐越在播音史上的地位得到了奠定，除了开国大典，齐越还曾经两度于天安门广场进行播音。

作为我国男播音员，齐越是第一位男播音员，也是著名的男播音员，他为我国的播音事业发展做出了巨大的贡献，不仅如此，他还是自中华人民共和国成立以来第一位播音学专业的教授。齐越自己曾说,"我首先是一个共产党员,然后才是一个语言艺术工作者"。齐越的播音令人动容,我们可以感受到他的激情,可以感受到他的热爱,我们可以听到齐越将自己的身心都投入到为中华人民共和国播音事业发展当中,齐越将播音视作自己生命,他爱国,他热爱播音事业,他无私奉献,他廉洁,他的标准和高度成为从业者的榜样,为后来的播音从业者树立了标杆。

（二）广播播音语言风格艺术

不同的播音员有着不同的播音风格。面对新闻稿,播音员要进行再创作,使得观众可以感受到播音员本人的特色与格调。在实践中,播音员在长期的工作中逐渐形成了自己的独特特征。在这里,我们将会对新闻类播音员的风格进行重点分析和研究。

在抗日战争时期,延安新华广播电台于硝烟中成立,人们将其成立的这一天——1940年12月30日视作"中国人民广播事业的诞生日"。

当时,敌人将组织封锁起来,要想冲破封锁,需要及时地对信息进行传播,这就需要用广播来服务于革命,因此在当时的背景下,播音是一种带有政治性的宣传任务,从这开始,我国的广播播音就将政治使命肩负在身上了,并且将之作为一种传统传递和延续下去。

将近十年,广播一直将这种特殊的使命担负在身上,直到中华人民共和国成立,这种具有鲜明时代特征的政治使命才开始发生变化。当时的广播是作为武器来战斗的,是救亡图存的重要手段,是宣传我党主张的重要工具,是将敌人阴谋公之于众的重要方式,对人民起到了动员和教育的作用。

作为播音员,其主要的任务就是对我党进行宣传,播音台就是战场,播音就是战斗,只有战斗胜利才能将我党赋予播音的政治任务顺利完成,也就是说,在进行播音的过程当中,只有规范、激昂地朗读,才能传递战斗热情,才能让人民感受到我党我军的力量。

在这一阶段,播音员在特殊的战场上和战士们一同与敌人殊死搏斗,他们是并肩作战的同志。当时播音的主要内容就是一些重要的消息,包括抗战的消息、根据地的消息以及机关报上刊登的关键文章等。钱家楣是当时的播音员,她回忆说,那个时期的播音就像在战斗,每个字都要铿锵有力,对待敌人激愤昂扬,对待胜利激情澎湃。

这一时期"播音工作就是宣传工作，目的就是准确无误地把党的精神传达给听众，同时作为桥梁，反映人民的心声，把党的主张化为人民群众的具体行动"[①]。播音员播音就是在战斗，不仅如此，播音员还要宣传我党思想和主张，用铿锵有力的语言瓦解敌人的思想，为和平贡献自己的力量，通过广播，当时许许多多的国民党官兵逐渐"明白了内战的起因、形式和前途，了解了中国共产党和人民解放军的政策"[②]，并且从思想上得到了改变，开始站在人民的立场上对事情进行思考。播音员用真挚的情感来呼唤国民党官兵的良心，虽然这是播音员的政治任务，可是他们发出的是"作为党的宣传员所具有的政治素质及其发自肺腑的声音"。

这一时期需要对中国共产党的主张和思想进行宣传，所以播音也呈现出一种战斗的风格，播音员用饱满的热情、昂扬的斗志、充沛的情感和真挚的嗓音，生动地展现了艰苦岁月里的我党我军顽强奋斗的形象，展示出了他们坚毅的品格和激昂精神。

在不同的时代，播音就会形成不同的风格，从而来展现特定时期的生活和当时人们的精神风貌。延安时期的播音就是这样，铿锵有力，同时爱憎分明，时代的特征通过播音的风格展现出来，尤其是在当时特殊的历史背景下，延安陕北新华广播电台在中国共产党的带领下，呈现出朴素、自然的特点，人民的意志得到充分的反映，和国民党控制之下的电台形成了鲜明的对比，展示了我党对人民的重视。

二、电视播音主持艺术的兴起

与广播一样，技术进步和社会需求是电视播音主持发展的两个主要原因。从20世纪50年代后期起，电视播音主持业务一直处于持续繁荣发展的状态。

（一）电视播音的起步阶段

1958年北京首次出现了电视节目的信号，这是属于中国人自己的电视节目，5月1日当天晚上19时整北京电视台进行了试播，这是第一座属于中国人自己的电视台。开始的时候，我国尚没有专职的播音员可以专门对电视台的节目进行解

---

① 姚喜双. 中国解放区新闻播音语言规范 [M]. 北京：语文出版社，2007：137.
② 姚喜双，郭龙生. 媒体语言大家谈 [M]. 北京：经济科学出版社，2004：32.

说，只能采用不出图像，由广播电台播音员进行画外音解说的方式。后来北京电视台调来了沈力，她成为我国第一个电视播音员，她的节目总是能够吸引观众们的目光，大家的需求点和关注的话题总能够在沈力的节目中得以展现。《为您服务》是沈力解说的一个节目，她通过多个渠道来了解观众，但是仍旧在很多方面受到了阻碍，最后她将观众来信作为一种了解观众的方式，因为她的用心，很多观众都感到非常温暖，甚至还有观众想要邀请她去家里做客，与观众之间的双向互动使得沈力被人们称为"知心大姐"。

1958 年，北京于 5 月份建立了电视台，上海于 10 月份建立了电视台，哈尔滨于 12 月份建立了电视台，这在当时来说是值得庆贺的大事，哈尔滨成立电视台的当月，中央广播事业局发布决定，全国各地都应该将电视台建立起来，以满足人们的精神需求，仅仅三年的时间，中国又成立了 19 座电视台，电视台开始繁荣发展。1962 年，由于当时政策的变化，电视台开始被整顿，由于各个方面都开始调整，很多电视台都无法开播，最后只剩下了五座电视台，但是到了 1966 年，电视台开始进行恢复，13 座电视台得以顺利开播。

电视台在坎坷地发展，而广播电台却在繁荣地发展，1961 年，全国的无线广播电台得到了大规模的发展，全国共有 135 座，而有线广播电台的规模更大，同年，在县市共有 2078 个有线广播电台，甚至在对其进行压缩之后，全国的有线广播电台仍然数量惊人。

1958 年，中国的电视事业开始发展，当时全国的电视接收机仅有 50 台，后来随着经济的发展，我国的电视事业也得到了相应的发展，1975 年，我国电视接收机的数量已经发展到了 46.3 万，然而这还是远远不够的，在人口众多的中国，平均下来，160 人才一架电视机，这说明当时我国的电视事业仍旧处于初级阶段，还需要进一步的发展和完善。

（二）电视播音语言风格艺术

电视播音在这一时期也呈现出趋同性，尤其是新闻播音，这种趋同性特征更是明显，这一时期的电视播音尚没有形成自己独特的风格，更多的是按照广播电台的播音风格进行播音。但这并不是说，这一时期的电视播音没有自己的艺术追求。接下来，我们将分析其艺术追求的特点。

电视播音员要展示出气魄，同时要将政治情感注入其中，为人民群众发声。

稿件样式的不同，播音员就应该采用不同的播报方式：如果是新闻稿件，播音员声音应当清楚、明朗，同时展示出力度，口腔也应张开，用实声进行播报，沉稳严肃，又不失气魄；如果是评论稿件，播音员应当沉稳、认真，用响亮的嗓音来展示稿件的内容，要气息沉稳，呼吸均匀，不慌不乱，大方稳妥，播报吐字清晰，用实声播报；如果是播报一些令人鼓舞的片断，播音员就要展示出饱满的情感，铿锵有力，声音高昂；如果是播报一些有特点的节目，其趣味性或者知识性可能较强，此时就要用柔和的声音来带动观众的情绪，要呼吸均匀，播报轻柔但不轻浮，让观众产生良好的节目体验。总而言之，播音员要用感情带动声音，让声音传递感情，让气息随着情感发生变化，让声音随着情绪而发生变化，使得观众听起来舒服、有感情、有力度。

（三）电视主持的初始阶段

随着电视行业的发展，1980年首次出现了"主持人"，《观察与思考》是中央电视台的一档节目，其开播于同年的7月12日，节目将当时的记者称作"主持人"。庞啸是一名非常有资历、有经验的记者，在《观察与思考》节目中，他是出镜负责采访的记者，并且直接通过镜头与观众进行交流，央视首次将"主持人"三个字放在屏幕上，用作对庞啸的称呼，这里的主持人与我们今天所看到的主持人是不同的，其指的更多的是出镜采访的记者，在后来的节目中，并没有对记者继续采用主持人的称呼。

1981年一档知识竞赛类的节目出现在中央电视台，其名称是《北京中学生智力竞赛》，在这档节目中再次出现了主持人，而这时出现的主持人就和我们现在所认识的主持人有了一些相似之处。《北京中学生智力竞赛》的编导是寿沅君，他挑选赵忠祥来担任主持，主要负责对竞赛题目的问题进行宣读，对其答案进行公布，同时还要把握节目的节奏，使得节目不仅要像课堂一样保持严肃，还要有规则地对节目进行约束，不仅如此，还要让节目进行得激烈、有趣。赵忠祥不负众望，用自身的才华和优秀的主持能力使得节目精彩而有趣，在今后的几年中，很多类似的知识竞赛节目出现在电视上，从而使一股知识竞赛的潮流在当时被掀起。

1983年《为您服务》这一档节目于元旦在中央电视台开办，当时的主持人由沈力担任，她成为第一位有固定节目的专职的电视女主持人，在《为您服务》中沈力用亲切的话语、周到的能力赢得了观众的喜爱,其主持风格平易近人,使得《为您服务》这档节目成为真正为老百姓服务的节目,观众还亲切地称呼沈力为"知心大姐"。

1983年《话说长江》于中央电视台开播,这是一部专题片,时长达500分钟,是非常大型的一档节目,其具体开播时间是8月7日。这档节目采用了演播室的形式,主持人用专业的能力、饱满热情的主持风格和观众进行交流,成千上万的观众都被主持人虹云和陈铎所吸引,大家都非常喜欢他们的主持风格,这使得专题片主持有了一个良好的开端,开创了新的主持风格。

虽然站在今天的标准上,我们可能会觉得这些节目并不成熟,但是这些短暂存在过的节目将"主持人"推向了观众面前,这为我国后来电视节目的发展打下了基础,从而使得我国的节目都把主持人当作是一种形式,使得我国的节目产生了属于自己的风格。

随着时间的推进,我国的电视行业也在不断地进步,越来越多的电视节目出现在人们眼前,不同类型的电视节目使得人们的生活更加的丰富多彩,不仅如此,节目中的主持人队伍也越来越庞大,无论是儿童类,还是服务类;无论是新闻评论类,还是纪实类,各种节目都出现了主持人,陈铎、沈力、鞠萍、虹云等主持人成为家喻户晓的人物,使得主持人模式成为一种十分有效的节目传播模式。

(四)电视主持语言风格艺术

随着电视主持人的不断发展,我们可以看到电视节目越来越离不开主持人。战争年代,播音员必须要铿锵有力地进行播报,用爱憎分明的风格来对信息进行传播,从而使得播音的基调得到总体上的奠定;发展到新的时期,播音员就更应该考虑采用什么样的风格来进行主持,社会的主要矛盾已经发生了变化,如何使得人们的物质水平得到提高,如何使得各阶层的利益得到满足,这是新时期所应该思考的问题,所以主持人就需要考虑该树立怎样的形象,来发挥自身的作用,承担这一时期的社会责任和使命,该怎样通过主持来为人民服务。改革开放初期,主持人这一职业刚刚发展起来,从播音员转变为主持人的过程是需要进行充分适应的,在时代的推动下,主持人应该如何转变角色,应该如何满足观众的需求,应该如何适应行业的变化,都成为新历史时期的主持人所要思考的问题。主持人越来越关注观众,因为电视可以看到画面,主持人在注重自身主持风格的同时,还要注重神形兼备，声音要亲切、真诚，神态要自然、朴实，只有这样才能让观众感受到视觉和听觉的双重享受。

随着主持人的不断发展，人们越来越重视主持人的独特个性，倪萍、赵忠祥等人成为观众喜爱并且家喻户晓的主持人，他们扎实的能力让观众体会到专业，他们丰富的经历让节目可以更加有吸引力，主持人的风格逐渐变得多元化，生硬的、千篇一律的、居高临下的主持风格逐渐转变为亲切的、多元的、日常的、人性与个性并存的风格，越来越贴近观众的实际需求，越来越受到广大观众朋友们的喜爱，成为人民喜闻乐见的主持风格。

第二节　中国播音主持艺术的发展

一、广播播音主持艺术的发展

（一）广播播音艺术的发展

1. 和平建设时期的广播播音艺术发展

这一阶段，随着中华人民共和国的诞生，国家由战争转入和平建设时期。1950年，中央人民广播电台开播《首都报纸摘要》（1955年改为《新闻和报纸摘要》）。1951年，中央台开播《各地人民广播电台联播》节目（即现在的《全国新闻联播》），节目播音风格庄重朴实，节奏明快流畅。在20世纪80年代电视普及之前，这两档节目是全国各地人民了解时事政策的主要渠道。

1954年，湖北台播出的广播特写《冰雪除夕夜——汉水公路桥工地特写》，通过现场描述和现场采访，反映了工地上人们冒着寒冻打桩接管的感人事迹，富有时代感和现场感。

同年，北京广播学院成立，专门培养广播人才。20世纪60年代初，马尔方、徐恒牵头筹建了播音专业，从此我国有了培养播音专业人才的正规院校。

1955年至1965年，播音理论研究取得进展，播音员的业务学习及研讨较多，业务能力大大提高，播音队伍成长很快，涌现出一批感人至深的优秀播音作品。如1966年2月7日由齐越播音的长篇通讯《县委书记的榜样——焦裕禄》，在全国引起了强烈反响，掀起了学习焦裕禄的热潮。

1958年北京电视台正式成立，这是我国建立的第一座电视台，并于当年的5月进行试播，沈力成为首个电视播音员。

1960年2月，中央人民广播电台播出通讯《为了六十一个阶级兄弟》，记述了山西省平陆县一起从死亡线上夺回61条生命的事迹。齐越的播音惊心动魄、感人肺腑，反响强烈。

20世纪60年代初，中苏两国关系紧张，中共中央"九评"苏共中央公开信由夏青等播音员播出，以此形成了当时气势磅礴的播音风格。

20世纪六七十年代，广播除了报道新闻，还为人们提供教育和娱乐方面的内容，丰富了人们的生活。

2. 改革开放至今的广播播音艺术发展

1976年10月，人民播音事业也进入了恢复、发展和创新时期。

1976年10月至1978年12月十一届三中全会之前，缅怀老一辈无产阶级革命家的报道，关于实践是检验真理唯一标准讨论的报道，学科学、用科学开展知识性、服务性节目、电影、戏剧的录音剪辑节目等。那个时期，齐越播的《大地的儿子——周恩来的故事》《在彭总身边》《巍巍昆仑》，林如播的《一封终于发出的信——给我的爸爸陶铸》等作品歌颂和缅怀了老一辈无产阶级革命家，感人至深，催人泪下，成为这一时期最优秀的播音作品。

1981年8月，在北京召开第二次播音经验交流大会，改革、探索新的播音方法，提出"大胆创新、百花齐放"的口号。播音开始降调，新闻开始提速，传播者和受众向服务与被服务的平等关系转向，有的节目采取"近距离、小音量"的方式。播音语言的对象性、交流感、生动性增强，语言表达样式更为多样。

播音理论和播音业务有了新的进展，一大批论著问世，较为成熟的有《朗读学》《播音创作基础》《播音发声学》《播音文体业务理论》等。

1987年，中国播音学研究会正式成立，齐越任名誉会长，夏青任会长，张颂、铁城、陈醇、关山任副会长，创办会刊《播音界》。

播音专业高等教育也得到了恢复和发展。1974年，北京广播学院恢复办学，播音专业开始招生，学制2年，1977年改为本科，学制4年。20世纪80年代初由专业扩大为系。1986年，浙江广播电视高等专科学校开始招收播音专业专科生，

2003年招收本科生。至此全国形成"北有北广，南有浙广"的播音人才培养格局。

（二）广播播音语言风格艺术

1. 和平建设时期的广播播音艺术性

中华人民共和国成立以后，社会的主要矛盾发生变化，社会的主要任务变成了建设国家和进行社会主义改造，电台也开始宣传国家建设的相关任务和党的施政方针，同时广播还负责对人民进行鼓舞，使得广大的人民群众对国家充满信心，积极投身于国家建设。

这一时期，新闻总署表述了广播的任务，其主要包括三个内容，分别是对政令和相关的新闻信息进行传达，进行相关的社会教育，同时为人民群众提供文化娱乐。

广播电台要想适应社会的发展变化，就必须要调整自身，无论是节目的内容还是节目相关的类型，只有做出相应的改变，才能与社会的发展相适应，与人民的需要相匹配。广播不仅要服务于国家和党，除了进行政治工作，完成政治任务，承担政治使命，还要考虑到人民群众的精神生活，为他们提供文化娱乐。

和平年代的播音员不能再用战时的状态来要求自己，要注意到自己的身份已经发生了变化，自己的任务已经发生了转变。和平时期，播音员就要适应自己身份的转变，承担起新的责任和使命。到了1952年，播音员的任务和要求正式地被播音工作研究座谈会提出，座谈会上指出："播音员应是有着丰富的政治情感和艺术修养的宣传鼓动家。"[1]

1951年，左荧发布了一篇文章，当时左荧在中央广播事业局总编室担任主任的工作，其中他研究了播音风格相关理论，文章被发布在《广播通报》，文章中指出："播音应该有自己独特的风格和气度，这种风格和气度应该足以表现伟大的中华民族淳厚的气魄。"[2]

1956年举办了全国第四次广播工作会议，会议中提出了一系列的指示，使得广播的发展更加有理可依，会议认为，无论是广播节目还是播音风格，都要多元化发展，只有通过丰富、多样的广播，人民的精神生活才能得到满足，只有让广播的语言和生活更贴近，广播才能成为人民喜闻乐见的文化。

---

[1] 杨波，王春燕. 中央人民广播电台简史 [M]. 北京：北京广播学院出版社，2000：309.
[2] 高国庆. 中国播音学史研究 [M]. 北京：九州出版社，2016：114.

中华人民共和国成立以后，广播就开始不断地调整自身，无论是对自身角色定位，还是对播音风格，都在不断地发展和进步，其前进的道路是科学的，其发展和变化是顺应时代的、是符合人民需求的，不仅继承了传统的精华，同时还对外来的优秀经验进行了学习，在这个和平年代，播音形成了自己的风格，将人民群众的呼声放在了心上，塑造了亲切的播音风格，得到了广大人民群众的喜爱。延安时期，播音讲究激情，要将战斗的力量传递给所有的听众。到了新的阶段，这种爱憎分明的播音风格得到了继承，通过灵活、生动的播音，不仅可以将党的声音进行合理、正确的传达，还可以听到人民的声音，将人民的意愿进行传递。新的阶段的广播具有很强的吸引力，成为人民群众所喜爱的艺术形式，播音员大多都是亲切的、朴实的，这就使得广播的可听性进一步增强。不仅如此，播音员的个性可以在广播中得以凸显，不同的播音员表现出自身独特的播音风格，这就使得广播的个性更强，其发展越来越多元化。

2. 改革开放至今的广播播音艺术性

改革开放后，播音创作从播音的降调开始探索，既是对之前宣传基调的反思，也是对新时代宣传思路的开拓。

随着人们物质生活和精神文化需求的增长和现代电子技术的飞速发展，广播从长、中、短波单声道到调幅、调频立体声，广播的接收工具从台式收音机到便携式收音机再到手机、车载接收装置等各种移动应用终端的出现，推动着广播频率及其传播内容的细分化，如经济、文艺、音乐、戏曲、交通、城市等专业频率节目的开办，扩大了节目种类，丰富了节目内容。播音主持的有声语言样式也随之发生了变化，如新闻评论、调查纪实、社会教育、生活服务等节目，除了播报式、宣读式，谈话式成为主要的表达样式。在综艺娱乐类节目中，播报、宣读、谈话、朗诵几种表达样式兼而有之。

改革开放以后，社会经济得到了快速的发展，尤其是在 20 世纪八九十年代，开放的社会环境使得文化得到了交流和碰撞，政治环境宽松，使得播音有了更大的空间进行发展。播音为了适应时代和人民的需求，其不断地进行调整，从而在不断发展中逐渐走向成熟。过往爱憎分明的播音风格被传承下来，同时播音风格也逐渐变得具有新时代和新时期的风格，广播内容不断推陈出新，播音风格不断向个性化、多元化的方向发展。而后随着主持人的出现和发展，各类节目的交流性和互动性得到进一步加强，从而使得播音主持更加平民化。

（三）广播主持艺术的发展

到了1980年，广播播音不断地推陈出新，创新发展，对自身的优势进行深入挖掘，而后出现了"节目主持人"，这一身份的出现直接对未来广播电视的发展造成影响，现如今的广播电视的格局就是受到其影响。

1981年《空中之友》正式播放，这个节目由徐曼进行主持，并且具体播放的日期选在了元旦，这一节目是针对台湾举办的，节目一经播出，一种全新的播者形象和播报风格迅速传播开来。

1981年的4月，《大众信箱》这一节目正式开播，其开播电台为广东人民广播电台，李一萍担任节目的广播主持，她用亲切的话语和听众交流，无论是学习还是工作，无论是爱情还是友情，无论是人生态度还是观念文化，各种相关的问题都能在节目中得到主持人的解答，其反响非常热烈，并且让主持人李一萍成为非常著名的标志性人物，在改革开放的新时期，"北徐南李"成为播音电台的重要人物，其中"北徐"是徐曼，"南李"是李一萍。

1986年，珠江在12月成立了珠江经济广播电台，这一电台的成立成为一个标志性事件，促进了我国广播事业的发展，是我国广播改革的第一个步骤。这个节目采用的大版块节目、主持人"提纲+资料"现场直播、热线电话等播出模式，被称为"珠江模式"。这是我国进行主持人中心制最早的一次探索，对我国主持人的发展有积极意义。

这一时期较有影响的广播节目有：中央人民广播电台《午间半小时》《今晚8点半》，上海人民广播电台《蔚兰信箱》，北京人民广播电台《听众信箱》，海峡之声《空中立交桥》等。虹云、傅成励、雅坤、蔚兰、钱锋等都是这一时期著名的广播节目主持人。

（四）广播主持语言风格艺术

随着改革开放政策的实施，我国人民的思想得到了大大的解放，一个全新的历史时期逐渐展现在人们的眼前，随着政治和经济的发展变化，受到国内外不同形势的影响，我国的广播也出现了重大变化，其宣传的方向和任务发生了调整，为了顺应新的时期的变化和潮流，广播节目不得不进行创新和变化，我国的广播逐渐呈现出越来越包容的局面，也越来越具有特色和个性。而后随着改革开放逐渐深入，经济发展得越来越快，政治环境也十分宽松，为了让播音与时代的发展更加契合，播音风格也不断地在进行调整，并且在调整中逐渐走向成熟。

二、电视播音主持艺术的发展

（一）电视播音的发展阶段

1978年元旦，《新闻联播》正式创办，播音员有赵忠祥、李娟、刘佳、邢质斌。1978年5月1日，北京电视台改名为中央电视台。中央电视台引进先进设备，播出方式由原始的直播改为录播，节目素材经过编辑、制作，再播出，录播方式保证了节目质量。1979年1月1日，中央电视台开始对新闻进行恢复和调整，播音员出现在电视屏幕上并且对新闻进行播报。

1981年《北京中学生智力竞赛》节目开播，赵忠祥担任主持人的角色，但是由于当时的主持人模式尚未发展成熟，他只能被称作是播音员。

1983年"春节文艺晚会"被推出，这是中央电视台第一次举办"春晚"，导演是黄一鹤，节目邀请了一些相声界、电影界和喜剧界的演员来担任主持，但是他们担任的主持人仍旧和我们现在所认识和了解的主持人有一定的区别。

1985年《动物世界》由赵忠祥进行解说，从此之后，电视解说越来越多地出现在人们的视野当中，虽然这并不是一项具有突出特点的业务，但是赵忠祥通过这档节目创造和创新了电视播音的业务，发展了传统的播音业务，使得传统的播音观念得到了发展和延伸。

1998年由鲁豫引发的"说新闻"风潮，对传统的《新闻联播》式播音形成了业务上的巨大冲击。

（二）电视播音语言风格艺术

1.《新闻联播》节目建立的新闻播音风格

1978年《新闻联播》开播，而后其不断地发展，并且逐渐形成了权威，在观众心中具有十分重要的地位，全国各地的其他电视台纷纷开始效仿《新闻联播》，其播音风格也逐渐向《新闻联播》靠拢，从而使得播音风格形成规范的特点，这种播音风格具有很强的分寸感，十分的庄重，与日常对话和交流形成了十分大的反差，同时不像朗读一样进行渲染和夸张，用简洁性和规定性对逻辑和形象两方面进行了活跃，从而使得新闻的信息可以得到有效的传递，观众可以较为轻松地掌握新闻的内容，对相关的信息进行了解。

2. 以"主持"定位的新的播音形态

这一历史阶段，很多电视台出现了小专题片串编的节目，并且出现新的定位的主持人，这一时期的主持人不再参与节目的采访、策划等活动，他们只需要负责用生动的语言、自然的姿态、饱满的热情来对节目的信息进行传递，用自己的方式来对编辑的文字稿件进行诠释，从而使观众可以了解节目的相关内容。在20世纪七八十年代，电视传播中已经开始运用"播报式"的方法来进行播音，编导在对节目进行安排和策划的时候要根据播音员的角度和口吻进行相关的业务运作，往往都是将文字稿件携程第一人称的形式，从而使节目的交流感更强，但是这种模式在舆论环境较为封闭或者不太开放的情况下使用较为合适，因为这样会使得播音员自身的个性观点无法得到充分的发挥，同时节目的相关规定较多，播音员只能采用一些符合规定的情感，而自身对于新闻事件情感则无法得到充分发挥，播音员难以发挥自身个性，表达自身观点。

（三）电视主持的发展阶段

1990年《望长城》这一纪录片播出，这是一部大型的电视节目，其中用主持人来对节目进行了主持，从而使主持人有了更加丰富的形象。

1990年3月14日，《综艺大观》正式推出，这是由中央电视台播出的综艺节目，采用了全新的形式，由倪萍、王刚进行主持，二人都有着丰富的经验，可以更好地对舞台进行掌控，同时又通过自身充满魅力的主持风格，得到了众多观众的喜爱。

1990年，《正大综艺》也被正式推出，其也是由中央电视台播出的一档节目，于4月21日正式播出，主持人采用了新老搭配，让老牌主持赵忠祥和新人主持杨澜共同对节目进行把控，二人珠联璧合，配合默契，使得《正大综艺》得到了推广，逐渐被推上了高峰。

1990年，《今夜星辰》被正式推出，这档节目是上海电视台开办的，这档综艺节目呈现出多元化的特点，于7月15日正式播出，该节目融合了歌、舞、奇、笑等丰富的特点。这一档节目因为叶慧贤实现了一次创新，他不仅担任主持，同时还是这档节目的制片人和编导,他成为节目中心,开创了主持人中心的新模式,用自身幽默风趣的语言魅力将一个个节目串联起来,用即兴发挥来充分展示自己的才能,赢得观众的喜爱,人们将他称为"荧屏智多星"。

1993年5月1日,中央电视台推出早间新闻节目《东方时空》,这一档节目使得我国的新闻播报风格发生了重大变革,新闻播报不再是呆板的、不亲民的,而是逐渐转变为与生活贴近的、评价和议论都精准到位的风格。

1993年,中央台又推出了《一丹话题》这一档节目,其由主持人的名字敬一丹来对节目进行了命名,于5月10日正式播出,敬一丹在节目中表现出朴实、真诚、客观、深刻的主持风格,这种风格赢得了广大观众朋友的喜爱。

1994年4月1日,《焦点访谈》正式开播,这是由中央台推出的一档节目,主要是进行新闻评论,而后白岩松、柴静、敬一丹等记者型主持人出现在人们的视野当中,他们的主持呈现出深邃、客观、真诚的特点,并且逐渐形成了一种群体性的主持风格,开创了新风格,使得观众可以在其稳健的访谈中进行深入的思考。

1996年4月28日,《实话实说》正式开播,这也是由中央台推出的一档节目,属于访谈类节目,众多的嘉宾和观众在该节目中得到邀请,他们可以在节目上发出自己的声音,展示不同的观点,创建新型的真诚的访谈,从而使得电视节目充满生机与活力。

1996年5月17日,《新闻调查》正式开播,这同样也是由中央台推出的一档节目,其主要的节目内容是对新闻进行深度报道,从这开始,央视电视新闻形成了"三部曲"的局面,电视改革得以完成,同时,记者型主持人的风格形成,为我国群体主持在风格上产生了深刻的影响。

1997年《快乐大本营》正式开播,这是一档由湖南卫视推出的节目,正式播出于7月11日,第一任主持人是何炅和李湘,二人通过时尚并且轻松的风格得到了广大观众的喜爱。

1998年春,《凤凰早班车》正式开播,这档节目是由香港凤凰卫视创办的,在新闻播报方式上进行了创新,主持人由陈鲁豫担任,主要是对新闻进行播报和解读,这种"说新闻"的新方式在之后的电视节目中得到了广泛的使用。

(四)电视主持语言风格艺术

20世纪90年代综艺节目主持风格发生了很大的变化,尤其是和之前的新闻主持相比，风格形成了巨大的差异。

20世纪80年代，主持风格是温柔甜美的，用一种柔和的方式娓娓道来；20世纪90年代初，主持风格变得热情、亲切，并且主持人们都用饱满的情感来传递节目内容和内涵，其中赵忠祥、杨澜、倪萍是几个具有代表性的主持人；到了20世纪90年代末，综艺节目进行了改版，并且其改版的力度是相当大的，何炅、谢娜等主持人的主持风格是轻松、开朗、明快、活泼的，受到了观众的喜爱，这一时期的综艺是相当个性化的，其内容方面也呈现出较多的题材选择，十分灵活的节目制式，使得主持风格也相应地发生变化，因为主持人有了更广阔的发挥空间，主持人可以更好地、更灵活地塑造自身的主持风格。

综艺节目上风格发生了巨大的变化，但是新闻节目的风格则没有发生较大的变化。1993年的《东方时空》使得大量的记者型主持人开始涌现，更多的主持人形成了评论型的风格，到了1998年，《凤凰早班车》又掀起了一股"说新闻"潮流，尽管看上去还是发生了一些变化，但是实际上主持人的风格还是有较大的共性，新闻类的主持人大多都表现出权威、知性、客观的形象，他们往往是非常睿智的人，同时有着丰富的阅历，专业知识也相当扎实、牢固，有着较强的评论和分析问题的能力。

所以，由此我们可以发现，综艺主持可以更多地展示主持人自身的个性特点，同时主持风格往往和节目的内容、风格相贴近，而新闻主持则需要主持人拥有较高的专业素养，同时对于主持人的能力和主持实践经验有着较高的要求，只有经过长年的积累，以及接受多年的培养和进行多年的实践，我们才能看到一个拥有独特风格的新闻主持人。

80年代和90年代在新闻的播报风格方面还是有一些区别的，80年代更加的中规中矩，而随着时间的推进，主持人需要掌握更加多元的新闻播报方式，不仅要拥有扎实的基本功，还要拥有较强的评论新闻和分析新闻的能力，不仅能够和专家、学者进行深入交流，还要有随机应变的能力，面对突发事件，新闻主持人需要有足够的专业能力和知识进行支撑，进行流畅的表达，语言功底要强，同时还要具备多方面的能力，能控场，能应变，能即兴创作，要想培养一个优秀的新闻主持人，需要大量的时间，需要付出大量的精力。

随着观众需求的改变，播音员不能像以往一样只能播报一些新闻信息，而没

播音主持语言表达艺术研究

有相关的经验和能力，新闻主持人只有能够拥有多方面的能力，才能更适应现代社会对新闻主持人的要求。

第三节　新时代融媒体语境下的播音主持艺术

在现如今这个知识爆炸的时代，各种媒介不断地发展和融合，网络、数字和手机电视渗透到人们生活的每一个角落，各行各业都离不开这些媒介。随着经济和社会的不断发展，各种自媒体开始涌现，各种网络节目也逐渐出现在人们的视野当中，传统的媒体和新兴的媒体开始得到融合，主持人在时代新的形势下也呈现出多种多样的丰富内涵。

一、融媒体下播音主持艺术的发展

（一）融媒体下广播电视节目的发展

1. 融媒体下广播节目的发展概况

20世纪90年代，互联网越来越多地出现在人们的生活当中，大众传媒越来越深入人们的生活，广播电台开始与互联网接触，网络化收听逐渐成为一种趋势，传统的音频节目得到发展，但是这种发展不是一蹴而就的，到了2003年这种网络化广播才开始真正的流行起来。

2003年越来越多的电台主持人受到招募，其中"21世纪网络电台"就招募了几十位电台主持人。

网络广播逐渐发展起来以后，自媒体"播客"也开始发展，网民可以将个人作为中心来发布自己想发布的内容，不仅如此，广播节目也可以得到发展，可以将大众的声音作为节目的素材，从而实现广播节目的推陈出新。

2011年以后，越来越多的网络广播平台上线，"蜻蜓FM""喜马拉雅FM"等相继出现在人们的视野当中，人们通过手机就可以收听相关的节目，同时大数据的发展，使得这些软件可以根据听众的喜好来进行相关的内容定制，除此之外，"偶像电台"等逐渐出现，通过平台可以将优质的主播挖掘出来，从而对其进行改造和培养。

这一阶段，广播播音主持中出现了一批"草根播客"，除了这个特征之外，主持可以根据用户的评价来对节目进行改进。

2. 融媒体下电视节目的发展概况

20世纪末以世界信息高速公路的建设为开端，引发了通信和传播领域的持续改革。围绕扩大消费人群、增加赢利份额，在技术革命和市场竞争互相推动中，互联网、电信网和广播电视网从三网竞争到三网融合。

2000年9月11日，9·11事件发生，自此之后，对新闻的时效性有了更高的要求，新闻主持人必须要有足够的能力来应对直播以及突发事件的相关报道，随着技术的不断发展，新闻节目中出现了很多连线的形式，从而使新闻的时效性得以进一步凸显。

2003年前后，在无线电视、有线电视基础上，数字、网络电视以及各种移动传输终端等纷纷涌现，电视、电信、互联网呈融合状态。

2013年国家广电总局于1月份发布了一份指导意见，即《关于促进主流媒体发展网络广播电视台的意见》。

2013年3月，国家开始对机构进行改革，整合了新闻出版总署和国家广电总局，组建国家新闻出版广电总局。

2013年4月，中央电视台新闻频道官方微信"央视新闻"正式上线。当前，传统媒体纷纷探索与新媒体的整合发展。同年4月，四川雅安芦山县发生7.0级地震，中央电视台以卫星直播方式报道，主持人既在直播室主持、电话连线一线记者和嘉宾，又作为记者深入一线采访报道。中央人民广播电台开播国家应急广播——芦山抗震救灾应急电台，主持人在台网互动模式中，通过点对点的信息服务，发挥了政府"大喇叭"和百姓"求助台"的良好中介作用。

2013年5月，百度收购PPS视频业务全部股份，将PPS业务与爱奇艺合并，爱奇艺成为中国最大的网络视频平台。2013年6月，中央电视台所属24个公共频道采用网络化制播技术播出，成为全世界首家采用全流程网络制播系统的国家电视台。

2013年6月，"神舟十号"载人飞船和"嫦娥三号"探测器登月，中央电视台采用虚拟演播室技术展示着陆器着陆过程和宇航员生活、工作等情况，要求主持人将虚拟场景和现实情景通过想象、联想进行有机结合。

2013年12月，中央人民广播电台国家应急广播中心揭牌，国家应急广播社区网站（www.cneb.cnr.cn）同时上线。此外还有中国纪录片网、浙江华数云平台、中央电视台微电影频道、中国国际广播电台英语环球广播资讯台等获批上线。

2014和2015年，传统媒体和新媒体的合作与融合进一步加强，在节目内容生产方面更加重视原创性，如2014年的《舌尖上的中国》《中国汉字听写大会》、2015年的《挑战不可能》《大开演界》《歌者无敌》《最野假期》等。

2019年7月29日，中央广播电视总台新闻新媒体中心的短视频栏目《主播说联播》正式上线。《主播说联播》是为了顺应短视频时代的发展变化，通过短视频的形式由《新闻联播》的主播来对相关的社会事件进行分析和评价，这使得《新闻联播》这种权威性的节目展示出亲民的一面，通过故事化、网络化的方式使得新闻变得更有温度，使得人民群众更容易接受。其中许多词汇都被网友们视为"主播语录"，从而展现了主播们亲切的一面，通过幽默的、个性化的语言使得一些严肃的、鲜明的观点可以得到清晰的表达，不仅突出朴实亲切的特点，还将相应的观点和态度清晰、深刻地展示出来，同时丰富了主播们在大众心中的形象。

如今，网络视频节目非常丰富，网络主持人有虚拟主持人和真实主持人。目前在网络上有影响力的节目都是主持人或嘉宾具有独到观点和见解的谈话节目。有影响力的主持人往往是有思想、有智慧，语言生动幽默，拥有众多粉丝的网上意见领袖。

（二）融媒体下播音与主持艺术的发展

1.融媒体下播音主持专业面临的挑战

（1）"主持人"淡化成为普遍现象

随着时代的变化，主持人开始越来越被淡化，在很多节目中，主持人的角色逐渐消失。在从前，传统媒体是人们获取信息，进行娱乐的主要方式，在节目中，必须要有主持人的存在才能更好地掌握舞台的节奏，而自媒体时代则突破了这一原则，很多综艺中都不再需要主持人来对节目进行掌控，我们拿《我就是演员》来举例，张国立本身并非是专业的主持，但是因为他本身就可以担任导师的角色，既能演戏，又能充当主持人串场，同时，因为他的演员身份，他又可以吸引一些流量，侧面体现出主持人的这一身份是可以被取代的。

（2）媒体的话语权发生转变

从前，我们接收信息的渠道大多是通过电视，渠道有限，所获得的信息也是有限的，而在现在这个信息与知识大爆炸的时代，我们每天都可以接收到海量的信息，并且人们现在的生活节奏不断加快，人们不可能再花费大量的时间守在电视机前看《新闻联播》了，现在几乎人人都有手机，人们只需要通过碎片化阅读就可以获得自己需要或者想要了解的信息，年轻人们更愿意通过短视频来对一些信息进行了解，这就导致了传统媒体的地位越来越低，人人都可以表达自己的观点，话语权逐渐发生了变化。

2. 融媒体下播音主持专业面临的机遇

（1）播音员主持人话语更权威、更有说服力

在现在这个知识和信息爆炸的时代，人们每天都接收着海量的信息，但是这往往就会导致信息的良莠不齐，各种真真假假的信息都会出现在人们的视野当中，人们需要有很强的判断能力和信息识别能力，才能对信息的真实性进行判断，面对众多的虚假信息和谣言，传统媒体就显示出了其独有的权威性，虽然人们会通过手机来获得各种各样的信息，了解各种各样的内容，但是在面对真假难辨的信息的时候，人们往往会选择相信电视等传统媒体所传播出来的信息，以此作为权威。

（2）播音主持专业就业岗位更广

融媒体时代也带来了一系列新的岗位和机会，电视台等不再是播音专业学生的唯一选择，学生们可以选择一些新媒体岗位，可以运营自己的账号，可以利用抖音，可以选择直播带货等相关的岗位。

（3）信息传播渠道变得丰富

传统媒体时代，主持人、播音员往往都会让人觉得有距离感，而随着新媒体的发展，主持人的形象变得越来越丰富，我们拿《新闻联播》的主持人康辉为例，他通过短视频来记录他的工作，让人们了解主持人工作背后的故事，了解主持人的日常，了解主持人工作的流程，这都让我们看到了一个完全不同的康辉，让观众倍感亲切。

二、融媒体下播音主持语言艺术特征

（一）融媒体下广播主持语言风格艺术

随着网络和电视不断地走向娱乐化，广播同样也逐渐被卷入娱乐化的潮流当中，越来越多的平民化节目得以出现，《娱乐双响炮》等一系列节目充满了趣味性，从而对听众形成了吸引力，而类似于《一路畅通》等资讯类的节目，也不再是十分正式和严肃的播报风格，主持人开始将节目拉向趣味化的方向，使得节目的可听性更强，主持人可以用轻松、幽默的方式来对相关的信息和内容进行播报，个人的见闻和故事都可以成为节目的素材，从而使得节目的互动性和交流性更强，使得节目不再像以往一样有着疏远的距离感，不仅如此，听众还可以感受到主持人自身的个性，从而使得主持人的形象不断得到丰富。

虽然这种播音方式会吸引很多的听众，但是同时不可忽视的是，这种方式也存在很多的问题。首先，因为这种娱乐化的播报方式，使得节目失去了原有的权威性，不再是严肃庄重的风格，使得节目呈现出泛娱乐化的趋势。除此之外，正是由于这种琐碎的风格，使得节目市井气息更加浓厚，这就非常容易导致掌握不好"度"，从而使得节目出现一些低俗化的内容。还有，随着新兴媒体的发展，网络主播的门槛越来越低，几乎人人都可以成为主播，这就使得整体的播音主持水平不断下降，散漫、娱乐成为现阶段新媒体主播的主要特点，这对传统优秀精神品质造成了冲击，不利于社会精神文明建设。

（二）融媒体下电视主持语言风格艺术

1. 主持风格多元化

进入新世纪以来，越来越丰富的形式和内容的节目逐渐诞生，观众们的视线更容易被那些有个性的节目吸引，这就导致主持不断地发生变化，新的元素越来越多，主持人个性得到了重视，不同风格的主持几乎都能找到受众，主持人的个人魅力越来越重要，人们越来越关注主持人在调和节目气氛等各方面的能力。

2. 具有明显的个性

随着电视节目的不断发展，商业化特征成为主持人的一大色彩，主持风格越来越要求个性，尤其是在市场化越来越浓厚的背景下，主持风格越来越受到市场的影响，主持人更关注观众的接受程度，以及什么样的主持风格更能带来经济效益，事实证明，一个富有魅力的有个性的主持人，往往更受到市场的欢迎。

3. 微型叙事占据主流

随着主持风格越来越贴近生活，主持人们更注重用微型的叙事方式来将相关的内容和信息传递给观众，空洞的宏大叙事越来越不被人们所接受，只有采用新型的叙事方式，才能得到广大观众的喜爱，人们往往更多地会被独特的、有个性的、言之有物的叙事方式所吸引，只有具体的微型叙事，才能让人从心理上进行感同身受，这不仅是观众的需求，也是对主持人主持能力的考验。

通过上述的一系列叙述，我们发现自从进入了新世纪，主持人的个性就受到了越来越多的关注，主持人不断展示出自我的价值，使得主持可以有多样的风格，越来越多的新元素加入了节目主持之中，各种节目都需要通过不断创新来吸引观众的目光，主持人也必须要通过富有个人魅力的方式来展现自己，比起拿腔拿调的主持人，人们往往会更喜欢那些语言风趣幽默、个性自信鲜明、控场能力强的主持人。随着节目走向越来越娱乐化，主持人风格也成为人们关注的焦点，主持人要充分展示自身的魅力，用专业的能力来征服观众，同时掌握好自己的定位，不断突破自我，不断自我进步，在竞争越来越激烈的今天，保持自己的个性，使自身保持与众不同的风格。

第二章 播音主持中的语言艺术

语言是一门艺术，播音主持就是要将信息艺术性地传递给受众，当然这并不是说要对信息进行艺术性的夸张或者对其运用其他手法，传播的信息和内容还是要客观，必须保证其真实性，这里的艺术性指的是播音员要通过个性化、具有鲜明特点的方式来对信息进行传播，从而使得受众可以对信息产生深刻的印象，通过播音员的播报，可以对相关的信息产生更深入的理解。本章的主要内容是播音主持中的语言艺术，主要围绕播音主持的作用、播音中的语言艺术、主持中的语言艺术展开论述。

第一节 播音主持的作用

随着我国广播电视的不断发展，传媒手段也在不断发展，这就使得播音主持有了更广阔的创作空间，在新媒体时代，播音主持发挥着越来越重要的作用，通过对其作用进行研究，我们进行了如下总结。

第一，播音主持可以对传播系统进行良好的构建，从而使得信息得到实际意义的传播，同时播音主持还对节目进程进行掌控，可以对节目的稿件进行驾驭。在广播电视传播中，播音主持是关键一环，具有创造性。通过播音主持创作活动，将前期所有的传播符号系统，如文字、音响、画面等素材，都纳入播音主持创作中，变为播音主持传播系统中的素材，播音主持创作者按照语言传播规律将其重新架构、组装，汇入有声语言（副语言）传播渠道，使其传播潜能变为传播现实。同时，播音员、主持人还要驾驭节目进程，保证节目顺利播出。所以说，播音主持可以使传播得以形成。

第二，播音主持可以对信息进行传播，将相应的态度传播给观众，同时揭示实质，传递内涵和思想，从而使受众可以对社会进行了解。创作者将语言传播系统成功构建起来以后,播音主持就负责将相关的信息传递给受众,在这个传递的过程中,文字符号变成语言符号,直观地表达着传递者的观点、情感和态度,这就要求播音主持必须要通过有声语言和副语言来鲜明地表述自己的观点,从而清晰地将态度传达出来,含糊不清是万万不可取的,信息的重点和内容的关键都要准确地表达出来,要运用播音主持创作的强化和弱化功能,分出主次,从而将信息的本质鲜明、准确地揭示出来,使得受众可以对社会进行深刻的认识和了解,对受众形成引导作用。

第三,播音主持不仅要传递信息、态度和其内涵,还要通过语言将情感传递出来,从而形成一种感染力,对受众进行激励,产生教育或鼓舞的作用。播音主持是创作者,可以将抽象的文字转化成形象的语言,可以让静止的文字符号生动起来,通过可感的语言符号来输出相关信息,用饱满的热情来将感情传递给受众,从而使得受众不仅能够对信息进行了解,还能受到感染,并将这种感染的鼓舞、激励作用转化为行动,内化于心,外化于行。

第四,播音主持是规范语言的建设者,通过规范的普通话,使得其成为语言的示范者。播音主持可以规范语言,在推广普通话过程中具有典型示范作用。通过流利、标准的普通话来展示汉语的独特魅力,展示自身的语言功底和能力,在社会上形成示范,对语言审美的形成起到了巨大的作用。除此之外,新媒体的不断发展,使得播音主持在创作过程中可以展示越来越丰富的内容,从而使得人们对相关的信息产生更加深入的了解,间接地影响到政治、经济、文化等各个方面。

第二节 播音中的语言艺术

一、播音语言艺术概述

(一)播音语言艺术特征

1. 音声美

音声美指的是有美感的声音,声音要不断地进行艺术化,充满美感的声音是响亮的、有穿透力的、坚实的、圆润的。"圆润,就是声音饱满而润泽,听起来不干瘪、不嘶哑、不尖利、不生涩。响亮，就是洪亮、明亮、透亮，听起来很清楚，很省力，而不是那种纤细、纤弱、暗淡的声音。坚实，就是结实、稳定、坚固，没有忽窄忽宽、忽粗忽细、出叉、发飘等现象。持久，就是从头到尾、自始至终，声音一直是圆润、响亮、坚实的，不会越来越小、越来越细、越来越暗。"①

播音使用的普通话就是具有优美声感的语言，我们会发现，普通话是抑扬顿挫的，具有十分明显的节律和韵律，在组合语句的时候，我们也会发现其十分和谐，在对仗方面也十分和谐。播音主持要用语言生动、准确地将信息传递给观众，同时将普通话的优势充分发挥出来，从而展现其节奏，通过鲜明的韵律和节奏，用响亮的字音来传达信息，从而使受众可以感受到语言的力量与魅力。

2. 意蕴美

无论是什么艺术，想要对生活进行再现，只能通过有限的方式和手段，因此艺术不能仅仅用来对生活中的一些直观感受和印象进行表述，更应该对人形成启发，从而使得人们可以对生活进行更深的认识和思考，并且形成一种"意蕴"，让人产生无限的遐思。"意蕴"让人们不仅可以直观地感受到生活中的一些事物，还让人们进行更进一步的考虑，用有限的语言来展现无穷的意蕴。

在艺术创作这一方面，我们可以这样对意蕴进行理解：意蕴中要将意境包含进来。我国的美学思想非常重视意境，通过意境，我们对很多艺术作品进行衡量，意境就是将意与境进行统一，实现情中有景，景中有情。许多著名播音艺术家的作品，都能让人真切地感觉到那种神韵和气质，我们以《早发白帝城》的朗诵为例，其中夏青的朗诵就非常贴切，不仅将白帝城的景致展现在人们的眼前，更将诗人的心境进行了完美的展现，从而使得受众可以感受到诗人复杂的心情，情景交融，生动形象，人们可以在其中感受到美好的意境。

3. 分寸美

"分寸"就是一种比例关系，其包含的是事物局部之间或者整体与局部的关系，蕴含了对结构的把握，在播音艺术中，同样需要把握分寸，来使态度、情感、主次关系都可以通过语言得到展现，从而对这个事情进行整体的把握。

4. 韵律美

韵律美是有声语言的一种形式美。播音的韵律美主要表现在语调的抑扬变化

---

① 张颂. 朗读美学 [M]. 北京：北京广播学院出版社，2002：95.

和语流的顿挫节奏上。节奏存在于自然,也存在于生活,通过节奏,我们感受到美好的韵律,在播音艺术中,也是同样的,通过语言的律动,我们要把握情感的起伏;通过有序的节奏,我们可以明晰韵律之美,从而感受到惬意。变化得有规律会让人产生愉悦的情绪;变化得没有规律,则会让人感觉杂乱无章,感到烦躁;而只有规律,没有变化,又会让人觉得呆板、死气沉沉、没有生机。寓变化于统一,寓统一于变化,这是一条美的规律。

(二)播音语言艺术风格

播音语言的艺术风格就是在运用语言的时候所展现出来的各种风格和特点,比如播音就会有时代的、个人的、地域的等各方面的风格。

1. 播音艺术的时代风格

不同的时代有不同的精神,而这种社会精神往往又会形成特定的时代风格。播音艺术也是如此,不同的历史时期,自然会有不同的风格,展现出独属于那个时代的、与众不同的特点。抗日战争时期,条件艰苦,战争残酷,而广播恰恰诞生于那个时代,在历史背景的要求下,我们的播报必须要充满力量、爱憎分明,才能对人民起到鼓舞的作用,才能团结人民群众,共同对抗敌人。中华人民共和国建立以后,我们的主要任务是进行国家的建设,和平是主要的基调,因此当时的播音又呈现出一种新时代的风格,播音让人感到振奋、鼓舞,我们可以感受到热情、朴实与庄重。随着改革开放的进行,社会发生了巨大的变化,进行民主政治建设的一个重要途径就是电视、广播。党的十六大以来,在"三贴近"方针的指引下,我们的播音语言变得更加亲切、自然,增加了交流感和认同感。通过上述分析,可以得出这样的结论:不同的时代都有其独特的风格,这种风格会成为特定历史时期的主导,但是所有时代的播音都呈现出一定的共性特征,播音艺术呈现出时代的风格和特征。

2. 播音艺术的民族风格

一个民族必然会有着属于自己的文化和精神,从而形成一定的风格特征,这种风格就是我们所说的民族风格。如果一个民族拥有属于自己的语言,那么其语言一定会呈现出独特的特性,这也可以反映该民族的风格。汉语也是一种民族语言,并且其可以充分反映民族的特征,我们可以从汉语言中感受到民族的独特韵味,我们可以感受到简洁性,通过丰富的汉语我们可以感受到其本身就具有的音乐性，而播音艺术就是通过语言的特性和特点来体现民族的风格。播音员无视汉语本身所具有的美感特点，一味追求"洋腔洋调""港台腔"等，既不可能传承我们自己的文化传统，也谈不上播音艺术的民族风格。

3. 播音艺术的地域风格

播音语言可以展现出属于本民族的自己的风格特征，与此同时，还可以展现出一定的多样化特征，我国国土面积广阔，不同的地域也发展出不一样的文化，并且这种地域文化展现出具有强烈地方特色的格调和韵味，不同的文化区域孕育出不同的艺术气质和地域风格。在我国古籍文论诗话中，对这种艺术的地域风格也有许多论述。播音艺术上也存地域风格的区别，我们可以将陈醇和关山作为典型的例子，陈醇是上海电台的播音员，而关山是天津电台的播音员，在不同地域中发展，其播音风格也呈现出不同的特征，个性和地域风格在二人的播音中展现得淋漓尽致，这表明播音艺术在不同地域文化的熏陶下茁壮成长。只有百花齐放，才能让艺术发展得更好，播音艺术也是如此，只有保留不同地域的文化特征，才能使其获得生命，获得生机，从而不断地创新发展。

4. 播音艺术的个人风格

不同的播音艺术家展示出不同的艺术风格，我们发现有的播音员幽默，有的播音员严肃，有的主持人喜欢将事情的道理和本质进行深刻的揭示，有的主持人喜欢通过情感的抒发让观众可以产生共情，主要原因在于不同的播音艺术家有着不同的阅历，他们的修养、性格、思想等都有所差异，从而逐渐形成了具有个人特色的风格特征。风格的形成并不是一蹴而就的，它是长期艺术实践的结果。

播音艺术家需要在播音中展示出自己的风格，只有在平时的生活中对社会和生活进行细致的观察，并且能够进行深刻的思考，从而产生自己的观点和看法，只有这样才能对事物的本质进行揭示，在进行播音艺术创作的时候，才能将自己的风格特征加入进去，从而形成自己的创作风格，展现出个性。

但是要想形成属于自己的播音风格也不是一件容易的事情，需要不断的磨炼和锻炼才能使得播音风格逐渐形成特色，从而让观众可以了解到播音艺术家所想要表达的思想情感。比如赵忠祥在解说《动物世界》的时候，他就采用了独特的解说方式，从而让观众感受到其个人的风格，他把人与自然的关系描绘得如此和睦、融洽，使人感受到心灵的震撼。

(三)播音语言的艺术欣赏与批评

1. 播音艺术欣赏

播音语言也是艺术，它和所有的作品一样蕴含着一定的思想和情感，作为一种媒介语言，播音主要是对情感进行传达，通过传达让观众或者听众可以感受到事情的本质特征，感受到汉语的博大精深。欣赏播音艺术不能只看表面效果，形式只是一个方面的内容，不能将其作为评判的标准来进行欣赏和判断，声音的特点的确是应该重视，但是语意的表达同样重要，只有播音达到一定的社会效果，我们才可以说这个播音艺术作品是优秀的，也就是说播音不仅要重视表面的赏心悦目，更要重视其最终产生了什么作用，对人形成了什么样的影响。

2. 播音艺术批评

播音也是一种艺术创作，主持人或者播音员可以在其中注入自己的观点、情感和态度，也就是说播音创作者要将自己的价值观念进行正确反映，从而使得文字的主旨可以通过得当的语言，对受众进行正确的引导。但是不同的播音艺术家会对同样的文字内容产生不同的理解，并且他们每个人都有自己的表达方式，从而使得最终产生不同的效果。因此这就要求播音员或者主持人要有很高的评鉴能力，只有这样他才能正确地理解文字内容，理解主旨，理解事件的本质。

在进行播音作品的评鉴时，我们会发现不仅是理解会产生各种各样的不足，在进行表达的时候同样也存在很多问题，如果播音员不能对文字进行很好表达，那么内容的本质就不会被受众所理解，最终也不会呈现出很好的效果，这就要求创作者必须要提高自己的能力，尤其是要对自己的基本功进行稳扎稳打，它直接影响创作者能否准确、鲜明、生动地传达、表现节目的内容。通过无数的实践，我们可以发现，只有对语言进行包装和塑造，受众才能感受到语言的魅力，才能了解事情的本质，才能感受艺术，如果只用浅薄的话语进行表达，那么最终呈现的播音效果就会大打折扣。

二、播音语体的艺术特点

(一)播读语体的语境特点

播读语体也就是在广播电视中所运用的朗读语体。广播电视中的大量稿件需要转变为有声语言才能传播出去,这就需要一个朗读转化的过程。但是广播电视中的朗读受到技术传播环境和媒体功能的制约,不同于一般的朗读行为,有自己的特殊规律,可以将它称为"广播朗读"或简称为"播读"。

1. 诉诸听觉

播读是把书面语言转化为口头语言的一种表达方式。播读艺术就在于用有声语言准确、鲜明、生动地表达出书面语言的内涵和实质,把"目治"的语言变为"耳治"的语言的过程。不同的存在环境和不同的物质条件,使它们具有不同的特点。播读是诉诸听觉的,所以让人听得清、听得懂是首要条件,其次还需要愉悦听觉和心智,给人美感享受。

2. 口语转述

播读是转述他人意见的一种口语形式。播读必须依据文字稿件,表达出文字不能或不便表现出的意蕴和内涵,是语言艺术再创作的过程。因为播读的内容虽然是转达他人的意见,但是却融合了自己的看法,表达的是一种共同的认识。文学作品的播读,由于增加了语音信息,其才增加了活力,有了跳跃着的生命。播读艺术会使文字作品产生更加深邃的意境,达到感人肺腑的艺术效果。

3. 心理情境

播读一般是在封闭的环境里(播音间),根据自己的想象活动建立与外界的联系,所以它也不具备接受反馈的条件。

在交流性的话语环境中,说话者可以得到对话者的直接反应和心理上的支持。在播读的环境中,传播者则只能运用对象感、情景再现等自我心理活动,来建立与受众的联系,给人以"闻其声如见其人"的交流感。

(二)阐说语体的语境特点

阐说实际上是一种演讲语体。虽然电子传播的情境有别于大庭广众的演讲环境,但是作为面向大众的传播媒介,其既表现为对耳闻目睹事实的阐释,同时又是对社会事件的评说。这样的特点可以看作是在广播电视的情境中进行的演讲。广播电视中主持人所进行的现场报道、现场解说、新闻点评等就带有"阐说"的语体特征。阐说是在一种"我说你听"的语言环境里运用的表达方法。阐说者并不是依据稿件,而是即兴发挥,脱口而出表达意见,这样的表达方式自然受制于特定的语境条件。

1. 时间效率高

阐说往往是对新闻事件的同步报道，而新闻事件是一个动态的发展过程。所以阐说必须根据事件发展的客观情况，随机应变，及时加以说明，特别是现场直播的报道，只能一次成型。在这种情况下，语言的调动和组织都带有较大的随机性，否则难以捕捉或描述瞬间发生的新闻事实，这就需要事前的判断准确，事由的说明清晰，事后的评点恰当。在这种环境下生成的语体虽显粗糙，却较为朴实、生动、真切。

2. 空间跨度大

偶发的新闻事件往往不受空间的限制。在现场环境中，报道者常会面临纷繁复杂的局面和许多不可预知的突发情况。但是这种环境因素往往又是可以被利用的新闻事实。在现场报道中，音响、画面和语言都是说明事件的重要因素。例如，当重要音响出现时，主持人或记者要突出音响，不能让语言淹没音响，同理，当关键的新闻场景出现时，也不能试图转移观众的视线……因为在这种情况下，让受众耳闻目睹的事实比叙述出来的事实更有说服力。所以，这就需要充分运用环境因素来阐发事物的本质。环境因素既是现场阐说的组成部分，也会对阐说产生干扰，如环境噪音对广播播音的干扰、环境采光对电视摄像的干扰等等。要克服这些干扰，就必须对环境因素有所选择，对报道角度和阐说重点进行适当的调整。

3. 情境因素多

情境因素是在特定的社会心理氛围中产生的。阐说伴随着采访活动与被采访对象的互动，就会形成一种情境。因为采访者和被访者处于一种特定的关系状态，这种关系是临时形成的，从而会制约谈话形式，会制约双方对内容的理解。环境越复杂，被采访对象越多，情境因素的影响就越大。所谓"射箭要看靶子，弹琴要看听众"，就是指要根据对象的身份、职业、性格、处境、心情等选择对方愿意接受的话语方式，以达到预期的表达效果。在不同的环境中，面对不同的对象，谈话方式也就不一样。但由于他们都是与事件有关的人物，所以话题相对比较集中，只是观点各异，提供的情况多样，这些都为报道者提供了丰富、新鲜的话语资料。

（三）谈话语体的语境特点

社会是不断发展的，广播电视同样也是不断进步的，只有跟随时代的潮流，广播电视才会发展得越来越好。现如今很多谈话或者访谈类的节目出现在人们的视野当中，这主要是由于双向的交流更适应民主建设的需要，是人民喜闻乐见的艺术形式，这种情境需要用相应谈话语体来进行。

1. 言来语去

谈话是一种双向交流的过程。没有对象的谈话，只能是心理独白。所以，谈话是以言来语去的方式形成这种交流关系的。这种交流是亲切、真诚的，所以不应该是"背对背"，而是"面对面"的；这种交流又是一种允许别人回应的平等关系，所以谈话应该是"一应一答"或者说"一对一"的关系。尽管谈话的场合有时常会有人群聚集，或者出现"一对众"的谈话情况，但是谈话交流只能针对具体的"一个人"，如果转对"众人"谈话就变成了阐说或演说。换句话说，谈话与阐说在语境上的最大区别就是"一对一"与"一对众"。

2. 情境宽松

邀请对方谈话，一般都会选择适宜的场所。不同场所提供的谈话氛围也有所不同：朋友相聚，总是轻松愉快的，一般会选择家居客厅、风景胜地等；工作谈话比较严肃，一般选择办公室、会议室等正式场合；邀约谈话，则会在茶馆、饭店等非正式场合……不同的场合对谈话的效果会产生一定的影响。另外，谈话语境中可以恰当地对景物、人物等多种因素进行利用，只要能够进行合适的选择，就会形成特有的表达效果。

3. 意趣相投

俗话说："话不投机半句多"，没有共同语言，谈话很难深入进行，所以对嘉宾和现场群众都应有所选择，使其既具有一定的代表性，也具有共同的兴趣。在广播电视谈话节目中，也曾出现过因话不投机而导致谈话中断的情况；而更多出现的情况是，嘉宾观点有很大分歧，谈话的效果不好。由此看来，谈话的语境应当是轻松的、随意的。谈话是一种由交流到交心的过程，所以应该是客随主便、主遂客意。

第三节 主持中的语言艺术

一、主持人语言的互动性与应变性

主持人的语言中具有互动性与应变性的特点，也就是说，主持人不可能在整场节目中都按照稿子来进行朗诵，而是需要与构成节目的其他要素进行互动，并根据相关要素的变化作出及时恰当的反应，即随机应变。

主持人需要进行即兴的互动，因为是即兴的，所以不可能事先将所有的情况都准备好，这种方式需要主持人有足够的应变能力，即兴的互动和应变要做到轻松自然，分寸得当，并不是随意就能达到的，就具体节目而言，主持人如果对节目内容的主题基调、形式的风格特点、环节的程序规则、参与者的心理等没有深入地了解和积极主动地投入，仅凭经验、套路应场，就会逐渐异化为卖弄技巧的匠气和媚俗，从而失去主持人的灵气和真诚。主持人语言中的互动性和应变性尽管都是即兴的，但实际上与平时的准备有密切的联系。

要想在节目中进行恰当的即兴应变和互动，就需要主持人在平时不断地对自己进行锻炼，培养自身的能力，使得自己的心理素质水平不断提高，使得自己的阅历和知识水平不断提高，并且进行针对性的练习。

（一）主持人语言的互动性

在节目的进行过程中，主持人是核心，他可以对节目进行整体的把控，推动节目的进程，但是，仅有主持人一方面的努力是不够的，必须要节目中的所有因素都参与进来，才能使节目的气氛更好、更活跃，更好地推动节目的进程。主持人是一个互动的角色，他需要调动节目的整体氛围，使得节目中的各个语言主体都可以进行互动，从而使得节目更加精彩，更加有看点。我们就拿益智的综艺节目作为例子，只有主持人之间进行互动配合，同时让嘉宾参与进来，让观众参与进来，通过访谈、网络等各种不同的形式，使得节目可以实现多种元素的互动，从而形成看点，才能使得节目最终呈现出不错的效果。

1. 互动性的作用

主持人的互动性具有非常重要的影响，其作用是不可替代的，主要包括以下几个方面。

第一，通过语言的互动性，可以避免尴尬和冷场，因为如果没有互动性，那么节目就会成为主持人一个人的独角戏，这是没有任何效果和意义的，如果观众的反应被忽视，嘉宾以及其他节目主体都没有任何互动可言，那么节目怎么可能会产生良好的氛围，观众也不可能会喜欢这种节目，那么节目的创办就失去了其原有的意义。

第二，通过互动性发挥的作用，可以使得节目更加精彩，因为主持人和观众的互动、和嘉宾的互动、和节目中其他要素的互动，都会使得火花和创意在不经意中产生，从而使得节目更加精彩，突出节目的效果，使得节目可以更加深入地对本质进行挖掘，通过多方交流，使得节目的思路被拓宽，更多的新想法可以进行碰撞，产生更好的节目效果。

第三，通过互动性，可以使得受众、嘉宾以及其他节目主体都积极参与到节目中来，从而引发更多的讨论，提高节目的活跃度，更加深入地对一些问题进行思考和讨论。

2. 互动性的把握

节目的互动性可以体现在很多的环节和方面，我们要想对互动性进行更好地把握就要对一些主要的情况进行把握，这主要包括以下三个方面。

第一，主持人要主动地进行引导，从而使得嘉宾或者受众可以积极参与进来。这样做不仅可以对节目的方向进行把握，使得节目可以按照策划的进程进行发展，保证节目不偏离主题，还可以使得节目氛围更加和谐，节目更加活跃。这就要求主持人可以进行控场，掌握主动权，冷静、镇定、沉稳、真诚，通过语言技巧的恰当运用，引导其他节目主体参与进来，同时还能对环节的节点进行精准的把握，从而使得节目的节奏可以保持下去，深刻地围绕主题进行小结。

第二，嘉宾的反馈和受众的反应都不能被忽视，主持人要全面地处理其反馈信息，并从中抓住灵感，开拓自己的新思路，对节目的节奏进行灵活的把控，并且可以深化主题，开拓谈话空间。在形式较为灵活，气氛比较热烈的益智、娱乐类节目中，主持人应该更加真诚、主动、热情，关注嘉宾和受众的反应，鼓励帮助他们参与节目，使他们能尽快地融入气氛，烘托气氛。

第三，如果是多个主持人主持节目，就要注意成员之间的配合，不仅要在语言的运用方面采用相似基调，还要对语言进行流畅的衔接，互相补充，互相圆场，从而使得节目取得更好的效果。

（二）主持人语言的应变性

主持人语言的应变性指的是主持人随机应变的能力，不同的情况采取对应的行为进行恰当的应对。应变在主持人节目中是指出现意想不到的突发情况时，主持人的语言反应。

在节目中，通常会遇到以下几种情况需要主持人进行应变。第一类情况是意外发生的故障，这通常是非人为的，机械出现问题是这一类情况最常面对的问题，比如信号传输中断、现场灯光熄灭、记分屏幕出现差错以及道具发生损坏等。第二类情况是人为的意外，通常都是非主观性的，这种情况主要包括：嘉宾没有坐对位置、主持人被绊倒等，从而对节目造成了影响。还有一类情况就是主观的、由人为导致的意外，通常发生意外的主体是主持人，其中错词、抢词、忘词、报错顺序等是出现较多的问题。

1. 应变在主持人语言中的作用

首先，如果主持人应变能力强，就算发生一些意外，他也可以运用自己的能力来救场，从而使得节目可以正常推进，避免尴尬，避免节目出现无法推进的情况。

其次，主持人如果可以恰当地解决意外，那么节目不仅不会受到影响，反而可能会增加一些效果，从而使得节目的可看性更强，增加节目的新鲜感。

2. 几种主要的应对策略

第一，用幽默的方式来缓解气氛，用调侃的方式可以使意外被掩盖过去，不再让意外成为焦点，从而推动节目的进程。

第二，如果是主持人自己导致的意外，就要及时地道歉，态度要真诚，从而使主持人和观众之间的距离可以更近。

第三，可以忽视意外，继续进行主持，引开受众的注意力，进行即兴发挥。

主持人的应变能力不是天生就有的，也不是一朝一夕就可以练成的，只有通过长年累月的训练和在生活中不断的积累，才能充分发挥自身的应变性优势，先天的素质虽然会影响到反应能力，但是这并不是最主要的因素，后天的训练是更重要的。主持人要有扎实的基本功、良好的心理素质，同时语言能力还要优秀，要有足够的知识储备，才能更好地应对各种意外情况。

主持人的应变性是非常重要的，因为一场节目，完全按照台本或者程序进行几乎是不可能的，总会有一些新的情况出现在节目中，如果主持人可以对各种意外和突发状况进行恰当的处理，那么节目反而会因为这些情况产生看点，从而吸引观众。

主持人语言拥有了良好的互动性，那么其应变性必然不会差，因为这二者是互相联系的，主持人只有自然地灵活应对，对无论是受众还是嘉宾都要进行照顾，才能使得节目的进程可以继续推进。这两种特性的本质还是要求传受双方可以运用自己的能力来对节目进行优化，通过良好的思维能力和语言能力的运用，来使节目形成和谐的气氛，使得节目最终呈现的效果更好。

二、主持中的语言传播艺术

（一）受众心理定势对主持语言传播的要求

受众的思想反馈和行动反馈是极为珍贵的，他们通过广播、电视受到感染，得到启发，精神面貌发生变化，这对本人、家庭、社会都将起到不可估量的作用。

1. 了解受众的关切点

受众观看或者收听节目，大多数都是因为自己的需要，他们期望通过节目来获取一些消息，如为了扩展、增长知识，或对某方面有浓厚的兴趣，这是广播电视受众的共同心理状态。新闻工作者传播信息就是为了让受众对社会进行了解，只有了解熟悉受众的心理需求，才能使传与受沟通起来，为此传者就要有强烈的受众意识，研究受众心理，了解受众的关切点。

2. 与受众心心相印

我们将新闻节目作为一个典型的示例，在广播电视中，新闻节目非常多，所占比重比其他类型的节目要大得多，视听率最高，且服务面最广，在受众视听的设想上要比其他专题节目笼统。就中央人民广播电台的《新闻和报纸摘要》节目来说，干部、群众都是其受众，他们有着不同的职业，不同的文化水平，不同的年龄，但是他们都希望通过《新闻和报纸摘要》来获取最新的信息。《新闻和报纸摘要》的播音节奏与清晨的振奋昂扬和忙碌应是协调合拍的。又如，中央电视台的《新闻联播》节目，因为有画面或提示性字幕，比《新闻和报纸摘要》的速度也要快些，一般受众更喜欢因为是坐在电视机前收看，从播讲的音量上比电台要略收，语气干净利索，语流明快。虽然传者与受者间的距离跟其他节目相等，但从接受心理讲，观众认为这是在收看党和政府发布的新闻，所以播读采用郑重规整、仪态端庄、含蓄的风格，这要比"小音量、近话筒"的交谈式和富于表情的播讲方式更能为人们所信赖。尽管有人批评播音员、主持人报告新闻正襟危坐过于呆板，但更多的受众却认可这种播音风格，认为这样客观传达政府方针政策让人信服。遇有重大新闻，这种语言样式的播读更显示出语言功力和内蕴丰富的特色。

广播、电视传媒中开设的各种栏目，都是为了满足不同年龄、不同职业、不同文化层次的受众的期待、得益、求知等心理的，所有这些设计和策划都是希望传者与受众心理相适应，拉近他们的距离，做到有的放矢。当然，我们要知道，在不同的社会背景下，在不同的历史阶段中，人们的期待心理也是不同的，人们的反应会有相当大的不同。

3. 把控特定受众的收听、收视心理

广播电视受众除共性心理外，还有特性心理及其个性特征，如专题节目在对受众的设想上要比新闻节目细致具体得多。以《青年节目》为例，青年的意识、生活是开放的，他们用一种好奇、审视、批判的眼光看世界，又渴望接收新知识和信息。对青年播讲要考虑其心态、受教育程度、知识素养，传者有责任对其道德标准、观念、审美情趣、价值观施加正面影响。若用说教式、灌输式，青年人不会乐于接受。宣传必须适应新时期青年的心理特征，从他们关心的生活、学习、婚恋、处事等方面的问题入手，不迁就，不迎合，寓情于理、平等亲切、感情真挚地交流探索、娓娓谈心才能加深与青年人之间的互相理解、相互信赖，在潜移默化中渗透。

4. 遵循特定受众的环境特点

环境包括自然环境和社会环境。中国地域辽阔，南北地域之间的受众有很大的差异，同是大城市，北京的受众和上海的受众也有差异，这些差异有经济因素、自然条件的影响，更多的是传统、历史、文化的印记造成的。比如，农村经济政治情况差不多，但受传统文化、欣赏习惯的影响，农民的欣赏趣味也很不相同，像广州郊区的农民由于受港台等影响，欣赏趣味更商业化；而北京郊区的农民则更传统朴实一些。

5. 分析特定受众的类型

不同年龄的受众,收听收视也有着各自的心理差异。比如,男性喜欢粗犷、刺激性强的节目,如体育类、竞技类和武打类节目;女性感情细腻,喜欢有人情味、情节曲折的电视剧或生活服务类、时装表演类节目;老年人在家时间多,看电视消遣娱乐居多,他们喜欢平和的、节奏不太快的节目,还喜欢忆旧、回顾;中年人家务负担重,尤其是女同志在劳动之余,喜欢看生活真谛、指点迷津的节目。

播讲者在设想受众的时候,他不可能会对他没有设想到的听众产生排斥,哪怕是播讲者所认为的设想受众也未必就是真的受众,正如许多成年人也喜欢听少儿节目一样。因为设想的目的在于激发播讲者的播讲愿望,真切感到播讲的必要性和迫切性,所以引发播讲的强烈愿望是设想受众的根本目的。

(二)受众知觉偏见对主持语言传播的要求

1. 威信分析

威信,即"声威信誉",众所共仰的声望威信有两方面内容,即专业性和可信性。专业性因素指播讲者的专业水平是训练有素的,在某方面经验丰富、知识渊博、技巧娴熟,可称为这方面的专家。可信性因素指播讲者的人格特征,外表仪态,对人诚恳与否,对事公正与否,播讲时是精力充沛,还是疲倦乏力;语调是坚定,还是平淡软弱;是幽默自信,还是胆怯被动……

总之,传媒需要有权威的、有声望的人来扩大其对人们的影响力。如果受众自己认为播音员、主持人有这样一种特性,其播音就能获得较强的影响力。相反,播音员、主持人的形象欠端庄稳重,气浅声浮,言语没分量,就容易引起受众的反感。宣传者的品质修养欠佳,他就会失去其在受众中的威信。受众一般都会不由自主地迅速接受他们所爱戴的播讲者所宣传的观点,同时也会不由自主地以批判态度对待他们不喜欢的播讲者所播讲的内容。

2. 第一印象不可忽视

第一印象就是两个从来没有见过、没有互相听说过、彼此完全不了解的人在第一次见面的时候所形成的一个大致印象。第一印象是十分重要的,年龄、服装、表情、姿态都属于第一印象的一部分,这是人们在之后的交往中可以凭借的一份依据，在电视广播中，传播者同样也要重视自己的仪表、姿态等各方面，从而给观众留下一个良好的第一印象。

仪态对于传播者建立人际或群际关系有着奇妙作用。仪表素质关系到传播者自身形象，为自身发挥作用创造条件，形成吸引力和亲近感，他可以使受方产生某种感应，产生合作的愿望，因此仪表素质也是传播者的修养之一。仪表素质体现着内在的品格，是自尊、自重、自我完善的一个重要方面，是传播者自身风格见诸行为风度、仪表的表现。仪表也包含着他在群体中的活力，这活力体现在他对人的礼貌、尊重、友好、平等、感官愉悦方面，所以传播者要注意仪态素质，树立美好的印象。

如果环境、条件不允许修正第一印象，那将留有很多遗憾。比如广播伊始、电视的开头如果不能引起受众的兴致，受众就可能更换频道或关机。鉴于此特点，从事广播电视工作的人千万不能忽视第一印象的作用，应很好地发挥第一印象的长处，为己所用。

3. 偏见、逆反心理

偏见就是一种没有事实依据的态度，这种态度是有失偏颇的。偏见的特征是偏见认知成分，就是刻板印象，偏见含有先入为主的判断。

逆反心理往往是传播者本身及传播内容、方式不当而触发的，还有，报道的失实最容易激起受众心理上的反感。了解了上述心理特点，宣传中就要避免不良倾向的出现。

（三）主持语言传播艺术的综合体现

1. 广播电视媒体语言的特点

与印刷媒体相比，广播电视媒体的传播跨越了时间和空间的边界，提供了点对面、点对点等个体与群体之间多向度传播的可能性，以及身临其境的独特感受。

首先，人们可以直接感受到广播电视的媒体语言，这种语言只有符合听觉规律，才能让受众对其产生兴趣。面对印刷媒体，阅读者可随意中断或翻阅检索，在接收信息时享有较大的自由。而广播电视传播却受限于无线电波和光电转换系统：声音稍纵即逝，在传播过程中既不能重播，也无法复制，要求听观众能瞬间接收，并受到感染。语言不通俗、生僻字多、语句冗长，都会造成听观众接受上的障碍和困惑，不利于正确解读。以导语为例，广播电视新闻导语一般不采用报刊媒体常用的引言式导语，因为这种叙事方式不符合听觉接收规律，也不符合口语表达的习惯，听起来让人感觉突兀，不知所云。广播电视新闻导语更注重层次的明晰性，在引起听观众注意和兴趣的同时，让人一听了然。

其次，广播电视语言是"汲取书面语的精粹口语"。我们都知道，书面语是诉诸视觉的静态语言，语言上较为严谨、规范，具有较强的逻辑性，因此书面语的阅读群体必须具备"识文断字"的条件。而广播电视语言则是诉诸听觉的动态语言，灵活生动，其不同于报刊社论、文件等文体，具有"口语书卷体"的特点。同时，作为大众传播的媒介，广播电视拥有更多的受众群体，他们的文化层次各不相同，知识结构相去甚远，生活阅历更是千差万别。因而广播电视在语言上要深入浅出，通俗易懂，提倡"口语化"；多用短句、双音节词，避免同音误会，特别注意语句的长短搭配，词语的平仄相间，篇幅短小精悍，读之朗朗上口。广播电视语言虽强调"口语化""生活化"，却并非追求语言的"纯自然"状态，不能跟日常初始状态的口语画等号。我们追求贴近生活、贴近群众的语言，并不意味着降低传播语言的标准，不是随便将方言、俚语、市井语言搬上广播电视，或加上些"啊、哪、呢、吗"就认为是"自然"了。作为大众传播媒介，广播电视语言要兼顾广播电视媒体的性质，不能片面地追求"口语化"或一味地迎合脱离规范的低俗语言，应将书面语作为依据，对口语进行历练和加工，以方便听观众的接收、理解和感悟。

最后，广播电视媒体语言具有重要的示范和引导作用。广播电视覆盖面广，传播迅速，其较强的视听冲击力使得广播电视语言日益成为推广普通话的首要阵地，这种语言的示范性影响着人们的表达。同时，广播电视语言还要接受约束，只有规范化和标准化的语言才能将特定的内容准确地传达出来，尤其是在进行大众传播的时候，必须要对句法和词汇等各种因素进行规范化使用，只有这样才能正确引导受众，从而使得语言得到标准化的传播。

总之，广播电视语言不是随心所欲的纯个人行为，作为媒介的声音，广播电视语言要代表先进文化的前进方向，符合社会的道德准则，具有一定的引导性。盲目崇尚"港台腔"或以方言来讨巧受众的做法，都是广播电视语言所不允许的。

2. 主持人、嘉宾、受众形成互动关系

（1）交流关系的形成和特点

一个节目如果有主持人的存在，那么交流性就是这个节目的一大特点，没有直接的交流活动显然也不需要主持人去主持。交流需要有交流对象，并形成一定的互动，这种互动必须是符合节目要求的。受众、嘉宾就是主持人的主要交流对象，从交流关系这一角度来说，主持人节目的特点主要包括以下几个方面。

一是相互性。节目以传受双方的民主意识和平等地位为基础。无论嘉宾、来宾等是显贵的"大人物"，还是卑微的"小人物"，大家都处在一种平等的交流关系中，没有尊卑高下之分。只有进行平等的交流，才会使得传受双方建立起一定的关系，从而使得沟通的环境处于一种坦诚、坦荡的状态。

二是现实性。在节目中进行的沟通与交流不应该是随意的侃大山，而是一种有意义的交流，具有一定的现实价值。这种现实性的另一层含义，就是在现实的氛围、环境和情境中，在这个时间、这个地点、这种感情状态中、这种情景中，进行深入的交流。

三是合作性。人与人之间只要产生交流就会擦出火花、发生碰撞，但是除了冲突，还要通过交流来进行认同，找到彼此之间的共性。没有矛盾冲突，就不会有节目的特色；而只有冲突，不求认同，就会令人无所适从，节目就不够完整。主持人就是让交流发挥作用，在碰撞中寻找和谐，在差异中寻找共性。合作性并不要求人们对事物的看法完全一致，而是求大同、存小异，从而有效地形成一种"场效应"，形成正确的舆论引导。

（四）传受间的沟通样式

1. 与想象中的对象"交流"

播音员大多是严肃的，他们对着镜头和观众"交流"，这种交流是想象出来的。进行新闻播报的时候，通常是男女播音员进行"对播"或者"轮播"，他们之间并不会产生交流，想象中的观众才是播音员进行"交流"的对象（"交流"用引号是因为客观上虽然与观众在交流，但播音员面前并没有实体观众，只是面对摄像机，交流在此时只是单程的传递）。

2. 间接交流

间接交流也是一种交流的方式，通过和对手进行交流，从而形成与受众的交流，这种交流方式是兼顾观众的一种方式，主持人节目就属于间接交流。

主持人节目进行交流要求彼此之间进行互相配合，一方问，一方听；一方说，一方思考。只有双方进行默契的配合，才能使得节目更加精彩，双方要形成一种交流的态势。如果一方说，而另一方的注意力完全不在对方身上，只是等着接词，最终使双方的话题衔接不上，双方没有交流感，那么节目就不可能精彩，观众也不可能感兴趣。只有双方共同准备资料，共同探讨节目的相关问题，彼此了解，能够把握话题，抓住主题，得体应变，才会使节目呈现出良好的效果。双方搭配需要可贵的默契，只有互相理解，多为对方着想，才能相得益彰。

3. 直接交流

主持人有时会有机会和观众进行直接交流，通常是在外出的时候，通过口头报道等形式来直接对观众进行宣讲，那么面对这种方式，主持人就要进行改变，通过调整交流的方式，从而使得节目效果可以更好呈现。因为此时不再是与想象中的受众交流，而是面对真人实实在在地交谈，"交流"两字的引号去掉了，与对方反馈处于同步，反馈及时，作用显著。这是主持人返璞归真的好机会，要抓住时机有意锻炼自己活跃于各种场合的本领。此时若能拿着话筒站在不同人面前，朴实自如地提问，问话得体又不失风度，让人感到确实具有新闻工作者的能力与素质。这样的主持人适应力强，接触面广，定会受欢迎。

（五）主持人的语言特点

长期以来，"以传者为中心"的大众传播观念，使传播者的自我中心意识根深蒂固。随着人们获取信息渠道的增多，听观众在传播活动中的地位，已经从被动的信息接受者转变为主动的、有选择的媒介内容使用者。面对众多的媒介传播，听观众已经不满足于"我传你受"的单向传播模式，而是希望有各具特色的传播方式供自己选择。广播电视节目主持人的设置，使媒介从工具化的客体转化为一个可供交流的对象主体，表现在主持人语言上就呈现出了通俗易懂、深入浅出的特点，个性特色、交流特色亦日益显著。

1. 通俗易懂

主持人淡化了官方和媒体的色彩，通过平等的交流与沟通，使得叙述更加贴近受众，拉进与受众的距离。主持人不是领导，亦非专家学者，"朋友"的身份要求主持人多从听观众的角度出发，心态平等，真诚坦荡，不说"官话、套话、空话"，以"人"为基点，多一些通俗、贴近，少一些"灌输""说教"。尤其面对一些专业性比较强的话题，主持人更要"进得去，出得来"，学会用简单易懂的语言描述艰深难懂的概念，如果总是一味地挪用术语，让自己看起来成了"专家"，却无法与听观众进行沟通，那么传播的意义也就荡然无存了。总之，主持人在思想上要"深入"，语言上要"浅出"，既不能"阳春白雪""曲高和寡"，也不能"下里巴人"、低级庸俗。只有这样，主持人才能拉近媒体和听观众的距离，使节目更具人情味和吸引力。

2. 个性特色

通常在主持人节目中，主持人不仅仅是整个节目的串联者，他（她）还要参与整个节目前期的选题、策划、立意，对节目的目的、意义、内容有较透彻的认识。这样就为主持人以独特的视角阐述所见、所闻、所感提供了条件。在传播过程中，主持人不应一字不落地背诵串联词，他（她）拥有较大的阐释和沟通交流的空间。主持人通过语言来表达自己的看法和态度，将自己的生活体验和对节目的本质的认识传达给观众，与观众进行坦诚的沟通。主持人的思维反应、价值观、道德观、文化底蕴、情感倾向、兴趣审美尽显人前。主持人不仅要重视传播的目的，同时还要考虑传播对象的具体特点，让个性化的语言更好地为广大听观众服务。主持人只有真正地去经历、去感受，用心体悟生活，用心对待群众，才能获得真实的感悟，从而使得主持人的传播更加真诚，但是也不能过分地标新立异，陷入"为个性而个性"的误区。

3. 交流特色

主持人节目的出现，人际传播开始发生转变，大众传播逐渐成为趋势，不仅如此，主持人节目也使得大众传播从一开始的单向交流、单向传播，变为了交互传播。在这里，主持人语言成为与听观众交流不可或缺的组成部分。主持人通过语言的运用，对受众形成引导，从而使得他们可以对世界进行认识、观察和了解，并且可以通过语言来表达自己的看法、观点和态度，通过评价和分析使得观众形成深层的思考，我们可以认为正是因为主持人的存在，正是因为主持人对语言的正确运用，才使得观众和媒体可以产生碰撞，从而形成深刻的交流。除了与嘉宾和现场观众进行面对面的交流外，主持人还要在没有交流实体的拟态交流中做到心中有人，语言表述要有对象感，努力营造"类交流"的谈话场，这种交流不仅体现在语言组合层面上的服务性、沟通性，而且还表现在因交流对象不同而不同的表达的层面上。

（六）主持人节目语言传播特点

1. 主持人节目具有动态性

主持人节目的动态性主要表现在交流性和互动性特点上，其实质则是主持人与受众之间思维和情感的双向互动。即使有些传播行为面对只是无法及时反馈和交流的听/观众，这类传播也必然是一种期待性的模式。可以说，主持人栏目的固定性特点，也是一种期待性的表现。因为它为听/观众的及时反馈创造了条件，同时也为主持人与受众建立经常性的联系提供了方便。

2. 主持人节目具有程序性

主持人节目的程序性表现为传播过程中，空间、时间和信息相互作用的方式，通常一环接一环的链式联结是传播过程有序性的体现，这种程序的形成是由传受双方信息共享的程度来决定的。例如，主持人提供的信息不够清楚、脱离受众的感受能力和理解水平等，可能就存在程序不合理的问题，需要做出合理的调整。针对不同的受众对象，是首先诉诸情感，还是诉诸理性，不仅仅只是选择一种传播手段，还应该做出程序性安排。

3. 主持人节目具有结构性

主持人节目的结构就是各个环节、各种要素之间相互关系的总和。形态上的链式联结、流程上的先后次序、要素的合理配置就组成了节目的结构特点。除了节目的总体结构以外，传播过程中的各个环节或信息要素本身，还有各自的深层结构也需要进行考虑。

第三章 播音主持语言表达的基本原理和基础训练

人的声音，是天赋的乐器，有的坚实浑圆，有的高亢明亮，有的松弛醇厚，有的柔美动人。因为每个人的发音器官在生理上都存在着一定的差异，这也便造就了人们各不相同、独一无二的声音。本章为播音主持语言表达的基本原理和基础训练，依次介绍播音主持的呼吸原理和呼吸训练、播音主持的发声原理和发声训练、播音主持的共鸣原理和共鸣训练三个方面的内容。

第一节 播音主持的呼吸原理和呼吸训练

一、播音主持的呼吸原理

（一）对呼吸器官的认识

呼吸器官是发声的动力系统，主要由肺、气管、胸腔和膈肌组成。吸气时，气流从口鼻进入，通过气管、支气管最后到达肺内。肺就像是一个伸缩的气囊（或风箱），吸气时这个气囊扩张，即肺容积增大；呼气时，气囊收缩，即肺容积减小，气流就从肺内经过气管再从口鼻而出，呼出的气流在经过声带时促使声带振动而发声。

呼吸是肺在周围肌肉组织的带动下，容积扩大或缩小，使空气进入或排出胸腔的过程。这一过程既为身体提供氧气，也为发音提供空气动力。呼吸的基本原理建立在胸腔容积扩大或缩小的基础之上。在呼吸的过程中，膈肌起着主要作用，气息运动主要依靠膈肌的上下活动。呼吸时胸廓的扩大或缩小也可以使胸腔扩大或缩小，但它的作用不如膈肌大。

通常可以根据人体状态的不同，将呼吸分为安静呼吸、劳动呼吸和发声呼吸。安静呼吸时需要的空气不多，膈肌缓慢上下移动，吸入或呼出气流，膈肌活动的高低变化很小，坐着办公或睡眠时都使用这种呼吸方式。劳动呼吸需要的空气量较大，吸气时膈肌下降，胸廓扩大；呼气时膈肌放松，气息释放较快。发声呼吸是一种特殊的呼吸方式，是由人主动控制的呼吸方式，它的最大特点是吸气和呼气的时间比加大。根据呼吸的机制，我们可以将呼吸分为改变胸廓周围径为主的胸式呼吸和改变胸廓上下径为主的腹式呼吸。

根据呼吸的机制，呼吸方式可以分为以下几种。

一是腹式呼吸。以膈肌活动为主的呼吸方式。它是生活中常见的一种呼吸方式。

二是胸式呼吸。以扩大胸廓为主的呼吸方式。单纯的胸式呼吸是非正常的呼吸方式，它往往出现在腹式呼吸受阻的时候，如紧张、过饱、姿势不正等，正常呼吸时，胸式呼吸往往出现在腹式呼吸之后。

三是胸腹联合式呼吸。这种呼吸方式要求膈肌升降、胸廓扩张和收缩相结合，它的吸气量较大。

在播音中，由于要接触各种稿件，发出不同的声音，各种呼吸方式都有其用途，其中也包括被人认为不好的胸式呼吸。

呼吸在发音中有以下作用。

第一，促使声带振动，为元音、鼻音、浊辅音等声带振动的语音音素提供声音素材。没有气息，声带不能振动，无法产生构成语音主要成分的元音等音素，也就无法形成语音。

第二，气息直接作用于吐字器官，发出声音。语音中的清塞音、清擦音、清塞擦音等，都是气流直接作用于吐字器官发出声音的，没有气息支持，这些声音无法形成。气息对发音至关重要，所有的语音成分都需要呼吸支持。

（二）气息与感情、吐字、用声的关系

用气是为了支持声音，是为了表达。若对呼吸思虑过多，负担过重，反而会使呼吸运动失去平衡，造成被动。所以，在话筒前应该将注意力集中于所要表达的内容上。思想感情积极运动，气息随之运行得较为自如，才可能长时间地保持良好的呼吸状态。

1. 气息和感情的关系

气息与感情有密切的关系。描写感情的词有很多是通过气息状态来描写的，如气势汹汹、心高气傲、低声下气等。

气息是人的内心感受的外部体现。人们在面对各种事物的时候，基于自己的判断，会产生各种各样的内心感受。这些内心感受会通过身体变化表现出来，包括动作、表情，当然也包括气息变化。例如，呼吸急促可以代表愤怒，而通常情况下呼吸舒缓代表平和。

具体来说，呼吸表达内心感受，一般通过动作、声音和语言三方面被人感知。有的时候，电视播音员主持人不出声的呼吸状态，可以被观众看到，观众由此可以判断出播音员主持人的情绪状态，比如，呼吸的从容、紧张或深重，可以传递出内心的不同感受。

呼吸的声音是表达感情的手段。叹气、抽泣等各种气息状态可以作为表情的手段，一个短暂的哽咽，可以传递内心的悲痛。这种利用气息表情的方式在话筒作用下会被放大，用以传递所需要传递的思想感情变化或状态。

伴随语言的呼吸状态能够表达各种感情色彩。例如，语言使用类似叹气的呼吸状态，可能会增加失望色彩的表达；倒吸一口凉气的呼吸状态有助于惊恐的呈现；在鼻孔出气情况下说的话往往更能表现出轻视。换句话说，和语言本身的情感指向在功能上类似，气息状态也可以产生对语言感情色彩的加强或是削弱效果。

还有，在使用话筒的时候，播音员主持人距离话筒越近，声音越虚，就会显得越亲切。这种"亲切效应"就是利用人们对气息声的感受特点，起到表达感情的作用。

气息是感情到声音的桥梁。我们内心的思想感情，要转变成人们可以感受到的声音，可以通过气息的变化来完成。气息处在声音的源头，当气息变化时，声音的各个要素也都可能发生变化，如音高、音色、音强、节奏等。

感情和气息有密切的关联，而且会影响到声音的效果，所以，在练习播音主持呼吸的时候，可以结合感情色彩的变化进行练习，这样既符合日常语言表达的规律，又便于练习者掌握之后用于实践。

2. 气息与吐字的关系

气息与吐字也有密切的关系。吐字清晰需要气息力度的支持，特别是字音的字头。字头的辅音大多由塞音、塞擦音或擦音构成，发音过程中破除阻碍的时候要依靠气息的力量。就是在发音部位准确成阻的前提下，成阻的时候气息集中于发音部位，然后气流音主持语音与发声集中冲击成阻部位，迅速除阻。除阻时候气流的力度和集中度决定了吐字的清晰度。所以说，这些音发得是否清晰，主要依靠气息的力量。

吐字松散会浪费气息。因为阻碍形成和破除的过程，可对气流形成节制。倘若不加节制，任气流流出，那么一定会造成浪费。有人认为，吐字松散能节省气息，在气流小的时候可能是这样，一旦气流较强，吐字器官松散无力则会使气息无节制地流失，造成气息的浪费。

稳定的气息可以使吐字清晰。反过来说，清晰的吐字需要较为稳定的气息状态，需要对气息进行适当控制。字头的力度、字腹的开度、字尾的归音，不仅需要口腔中吐字器官的到位，还需要气息的支持，才能使得字音清晰饱满。当然，这种稳定是相对的，句子中的音节都会由于所处地位不同、发音不同而存在气息强度、气息长度和气息用量的变化。

3. 气息与声音的关系

气息与声音的关系也较为密切，尤其是响亮的声音、大音量的声音，气声与气息的关系更为紧密。

让声音变得更加响亮的基础是把控气息力度。响亮声音的发出，气息使用量不一定最大，关键在于气息力度。因为响亮的声音声门关闭较紧，通过的气息不会太多，但是气息冲击声门的力度会比较强，同样的气息量，响亮的声音可以维持的时间较长。

大音量需要更强的气息。强气流在单位时间内的流速快，损失的气息多，所以大音量需要更多气息的支持。音量的扩大最好不要采用声门闭合过紧的方法，应该在保持喉部放松的前提下，加大气息量，增加气息强度。对于这种变化的实现而言，调节腹肌的用力状态是重要途径。当加强腹肌的支持力时，胸腔内的气息压力会因腹肌产生对抗效果而变大，产生的声音会更强；反之，削弱腹肌的支持力，胸腔内的气息压力会变小，产生的声音会随之变弱。前者被称为强控制，后者被称为弱控制。可以用水压机将气息压力与声音之间的关系形象地表达出来，水压机加大压力，喷射而出的水就能达到更高的高度，反之则会变低。当腹肌接受适当而灵活的调控时，便会给气息造成一种有活力的控制，形成强弱之间的多层次变化。

气声的发声效率低，声音弱，但消耗的气息量大。因为它的声门开度比实声和虚声都要大，气流通过当然也就更多。气息虽然浪费了，但是有的时候可以表现特殊情绪，所以在播音主持中有时也会使用气声。

我们在发出亲切、自然的发音时，所采用的往往是对比度小的弱控制呼吸状态。弱控制不是有气无力地发音，它在控制上是具有一定难度的。

正因为气息和感情、吐字、声音存在一定的连带关系，所以在练习和使用中，气息要结合感情、吐字、声音来使用和调整。

二、播音主持的呼吸训练

（一）气息的控制

1. 胸腹联合呼吸方法

在运用正确的呼吸方法的情况下，我们可以寻得量大、有力、更加持久、更加易于控制的气息。通常情况下，人们习惯通过将肩膀抬高、将肋骨张开的方式进行呼吸，以此来加大肺部气息容量，但实际上这种做法只是让气息游于肺的上部。人类的肋骨张开程度是有限的，并且腹部会随肩膀的抬高而收缩，横膈膜的位置也会更加靠上，所得到的气息容量并不是很大。在这种情况下，我们是难以将吸进的气很好地转化为流量、强度。胸腹联合呼吸方法可以明显改善我们的吸气效果。

在运用胸腹联合呼吸方法时，要注意以下几点：第一，要让气息下沉，保证肋骨张开时横膈膜向下移，给肺泡创造足够的扩张空间。在吸气容量达到饱满水平时，我们会发现腰部和腹部都能涨满，小腹会向前突；第二，要收紧小腹部位的肌肉，适当提升横膈膜，让气息流量和强度更易于把控。换句话说，要将发声时的呼吸支点维持在小腹部位。人体肚脐下约两厘米的小腹部位处是人体的下丹田，因此上述通过小腹力量控制呼吸的方法被称为丹田用气。

我们可以把肺部视作一个不停工作的"气球"，工作的方式是将气体循环地充满与排出。维持呼吸进行活动的是双重作用，不仅如心脏跳动一般自动、一刻不停，而且又不像心脏跳动那样无意识，因为人类本身可以改变呼吸的深度和频率。胸腹联合呼吸以胸腔前后左右的力量为动力，可以向肺部传送足够的气体，这样一来气息变深了，肺部与其周围抗衡的力量也足够了，进而能够完成肺部将气体挤压出去的任务，整个呼吸循环过程会更加平稳、更加持久。以下是胸腹联合呼吸方法的要领。

（1）吸气的要领

站立或者坐下，让肩膀放松，双目抬起向前方平视，微微收紧下巴。发挥想象力，让自己犹如置身于无尽的花香或者饥饿时充足的饭香中，用力深吸，让周围的香味通过鼻孔直入肺部深处。这时，不要收紧肩膀，也不要让肩膀耸起来，让身体感受腰部周围向四周膨胀的感觉、腰带轻微的束缚感以及后腰向外扩张的感觉。此时，吸气过程慢慢结束，小腹维持在一种膨胀水平，切忌快速将气体呼出，要让这种状态保持 5~10 秒。

（2）呼气的要领

我们要全程把控呼气。通过胸腹联合呼吸方法吸进足够量的气体，这不是结束的终点，因为吸气后的维持不等同于憋气，让气息变得顺畅、均衡并灵活地加以运用才是目的。控制气息代表不能一瞬间让两肋放松，一下子将气体全部呼出，而是控制气体呼出的速度和时间。保持向外扩张的两肋慢慢收缩、小腹慢慢收紧，让肺部的气体一点点向外排出。整个过程中要保证气息能够携带语言慢慢流动，而不是在一句话的前半部分就将气息全部散尽。小腹随着气息的排出而进入放松状态，慢慢地使气流经进来的通道从肺泡里挤出去，横隔和两肋在此控制下逐渐恢复自然状态。

（3）换气的要领

换气的基本方法有偷气、抢气、就气。偷气常用于句子当中的小量补气和紧凑的句首换气时，这个过程十分隐蔽，迅速吸气时旁人也很难察觉。运用偷气的过程中，当呼吸通道顺畅时，腹肌在松弛的状态下可以瞬间完成偷气。抢气指的是在发音过程中进行换气时，能够带出呼吸声的换气方式，如果有情感和内容的特殊表达需要，不用去思考杂音的大小，直接抢占气口。就气指的是听上去有停顿，实则不吸气的换气方式，这时起补充作用的是身体里残余的气息，整个过程也可以形成语意连贯的效果。

在实际运用中，一般是句子之间从容换气，在句子中稍加停顿进行补充，并用余气将句尾的文字送出。需要注意的是，换气的方法不是死板的，应根据文章的结构和不同感情色彩进行换气。

2. 气息训练方法

（1）闻花香

设想面前有一朵鲜花，深深地吸气来嗅花香，着重体会气息深入丹田，两肋张开的状态。

（2）快吸慢呼

在短时间内迅速完成吸气，体会膈肌下沉。将气吸满，小腹稍紧，保持住，缓慢、均匀地呼气，慢慢放松。

（3）慢吸慢呼

与快吸慢呼相比，慢呼要注意胸廓外张，在吸气后，用腹部的收缩完成换气。

（4）半打哈欠

仿照半打哈欠的状态，在口形未张到最大时，体会胸腹联合呼吸法的胸腹扩张状态，注意气息的贯通。

（5）呼喊练习

假设处在山谷中，对着远山呼喊，由弱渐强，发"啊——"，注意体会吸气后长呼气的状态。

（二）发音呼吸训练

初学播音者，发音时要正确呼吸，建立良好的气息使用习惯。正确的呼吸状态是良好发音的基础，可以避免不良呼吸方式对发音的负面影响。掌握正确的呼吸状态，应当注意以下几点。

第一，喉部放松。播音主持的训练要先从发音入手，而吐字力度的增加容易使喉部绷紧，影响发音时气流的通畅，吐字用力时要注意放松喉部。

第二，气息下沉。气息下沉是指吸气时要利用膈肌力量将气息吸得深一些，有气息沉入腹部的感觉。气息下沉是较深的呼吸，容易取得放松的状态。这种气息状态与放松的喉部配合，易于产生积极而又宽松自然的声音。

第三，腹部用力。发音时气息的发力点在腹部。发力点在腹部可以锻炼使用腹肌控制呼气的能力，腹肌与膈肌的配合可以更有效地控制气流。

第四，气息连贯。播读语句时不要一字一顿，气流在语句中要保持畅通的流动状态。气息不连贯会造成"念字"现象，使表达变得不自然。

第二节　播音主持的发声原理和发声训练

声音是语音、语义的载体。也就是说，有语义、语音的声音才能产生某种意义。但是，声音是由特定的动力器官和发声器官共同发出的，二者协调与否直接影响着所产生的声音、音色的质量。要以有效传播语义为目的进行艺术美的声音创造，同时要兼顾审美鉴赏能力、技术能力和掌控对象需求的能力，还要对即播的有声语言所反馈的声音、语音、语义、表达方式、表达方法等方面的效果加以调节和改善，让有声语言更加艺术化，从而用独具特色的有声语言平稳有力地进行表达。

一、播音主持发声原理

（一）播音主持发声构造

人类的发声器官有声带（声源区）、口腔、咽腔（调音区和共鸣区）、鼻腔、胸腔、腹腔（产生声音的动力区和共鸣区）、膈肌等。

声音的产生过程是声源通过振动产生声波，经过一定的介质产生声音。在人体构造中，声带能够以人的气息为动力，充当产生振动的声源。

在人体中，像双唇一样并列在喉头气管左右的薄膜就是声带。一个人的两条声带分开，气息可以自由出入，就代表这个人处于不发声的状态，反之两条声带线就会进行闭拢。当气流经过肺部到达声带，声带发声震颤时，所发出的声音被称作喉原音或基音。气流通过声带产生的振动频率与声带的闭拢程度有关，声带越是闭拢，相应的振动频率就越大。强而有力的气流会导致声带产生更大振幅的振动，所发出的声音也就具备更大强度。所以，想要发出洪亮、有力、持久的声音，就要学会控制、调整和驾驭气息。

声带发出的喉原音比较微弱，也不动听。无论怎样用力，也不可能增大音量，越是用力，声带就会越疲劳、越松弛，甚至会出现水肿、闭合不拢、声音嘶哑的现象，严重时声带会发生病变。

借助共鸣，是解决这一问题的最好途径。

不同种类的乐器都有一个共同点，那就是都具备空腔。钢琴、小提琴有音箱，喇叭有管道，其共同的作用是放大乐器声源所发出的声音。在琴弦或者簧片进行振动时，空腔中的空气会跟着振动，振动波因此会变大，进而产生很多泛音，这种情况下产生的声音会更加响亮、更加动听，这种现象被称为共鸣。当人体的声带所产生的喉原音经过口腔、鼻腔、咽腔或其他通道时，就会出现共鸣现象，此时通道内的空气会产生振动，原本微弱的喉原音会更加洪亮、更加好听。此外，人体构造中如头腔、胸腔等腔体也会影响声音的共鸣现象。

口腔是主要的咬字器官。它是由唇、颊、舌、上腭、下腭、口底、牙齿等构成的。上腭又叫口盖，前半部有骨质的叫硬腭，后半部无骨质的叫软腭。在软腭后中部有一个小舌。唇、颊内有唇肌、笑肌和嚼肌等。舌分为舌体和舌根两部分，舌体（前舌面、舌面中部）占整个舌头的2/3，位于口腔；舌根（后舌面）占整个舌头的1/3，位于咽腔。

鼻腔是呼吸道的门户，它可以起到使吸入的空气温暖、湿润、清洁的作用。鼻腔从前鼻孔起至后鼻孔止，鼻腔后部连着鼻咽，是呼吸的通道。

咽是空气和食物的通道。空气从这里经过仍可继续得到加温、加湿和清洁。咽可分为鼻咽、口咽、喉咽三部分。鼻咽位于软腭上、鼻腔后。口咽位于软腭下、舌骨上，它前通口腔，上接鼻咽，下接喉咽。喉咽是咽的下段，自舌骨到食管开口处为止，上通口咽。

（二）音高、音色、音量和音长

1. 音高

音高在语言表达中有重要的作用。在汉语声调语言中，音高变化形成的不同调值有区别意义的作用。除此之外，音高还有标示个人特征、表达感情、适应语言环境和改善表达效果等作用。音高的这些作用，可在播音主持语言中更鲜明地体现出来。

男性和女性的音高明显不同。男生音高较低，女生音高较高，男女的声音高度相差约一个八度，两者有明显的音高差别。发音时有意识地利用这种音高区别可以强化性别特征，而不合规律地反向使用会异化性别特征。女生使用过低的声音可能产生男性化倾向,男生音高使用过高可能造成"女气"。如果没有特殊需要,男女生不要一味拔高或压低自己的声音。

音高会随着感情的变化而发生改变。通常,正向加强的感情色彩声音可能会提高;负面的感情色彩声音可能会变得低沉。

音高还会随语言交流环境而改变。在日常生活环境中,说话人会根据与听者的交流距离调整发音音量和声音高度。在播音室没有真实听众的虚拟环境中,播音员、主持人可以利用音高"制造"出说话的环境。声音提高一些,可以拉大与听众之间的对话距离;声音低一些,可以缩小与听众的对话距离。有经验的播音员、主持人,可以通过调整音高,确立调整与表达内容、表达方式相符的交流距离和交流环境,比如,播音员、主持人如果是在空间较大、距离受众较远的场地进行现场播出,就会有意识地强化音高、增加音量。

音高变化可使语言更生动。播音员、主持人在语言表达中,即使语言本身的感情色彩并没有明确的音高要求,也应当利用音高变化获得语言的生动感。语流中音高的抑扬变化是克服单调、吸引听众的重要手段。

在汉语普通话中,加大声调的音高变化幅度,还是增加发音清晰度、突出强调重音的手段。另外,加强语句中音节声调的幅度变化,可以使语句的语调更鲜明,让语言表达变得更生动,更富有意味。

假声是一个特殊的高音区,正常的语言很少完全使用假声。但在语言表达中,有时适当使用假声可以获得特殊意味,产生意外效果。例如,"太不可思议了!"中的"太"字,声调是由高到低的去声,起声如果从较高的假声开始,可以加强整个句子所蕴含的令人无法相信的意味,强化表达效果。

2. 音色

我们在使用音色这个概念时,常指两种情况:一种是与语言意义相关的声音音色,又称音质;另一种是指与意义无关的声音色彩。我们这里所谈的是后一种音色,即不影响语言意义的声音色彩。这种声音色彩就是我们平常所说的声音的虚实或明暗,它的形成需要依靠喉的动作来完成。

播音主持的音色以较为放松柔和的声音为主,一般平和的感情色彩都使用这种音色,它与一般人在有兴趣交谈时所使用的音色相同。这种音色相当于常见发声类型中的正常嗓音或正常嗓音略微混杂些气声,听起来放松、愉快、亲切,声音没有紧张感或挤压感。

播音员、主持人在初学的时候应当找到这一音色,并以这一音色为基准,根据感情色彩的变化,灵活使用其他各种音色。

为了更方便地使用音色,我们可以将前面谈到的发声类型简化,归纳成几种以声音明暗变化为主的播音主持常用音色。

我们知道,声带在振动的时候是相互靠拢的,声带的振动是由声门上下的空气压力差形成的。只要声门上下形成一定的压力差,声带就能振动。因此,声门闭合松紧并不是声带振动的唯一条件。当声门闭合不紧时,声带也能振动,只不过声音不那么响亮,声音中会伴随气流的摩擦声。根据声门开度和摩擦声程度的不同,我们可以将播音主持常用音色分为以下几类。

(1)实声。声门闭合较紧,无缝隙。声音明亮,无气流摩擦声,相当于发声类型中略微绷紧的正常嗓音。过紧的实声会产生紧张的挤压音色。

(2)虚实声。声门较放松,略有缝隙。略有气流摩擦声,声音柔和,相当于发声类型中正常嗓音和少量气声的结合。

(3)虚声。声门未闭合,有缝隙。气流摩擦声较大,声音发虚,相当于发声类型中的气声。声门过度张开,会产生只有气流摩擦声的气声音色。

仔细分析可以发现,这些不同音色与气流摩擦声大小、与声门的开度大小有直接的关系。这种变化实际上是发声状态的连续变化,我们将其分为三类,是为了便于对比和掌握。

在各种语言中,从实声到虚声的变化过程,都与感情的紧张严肃到亲切亲昵有明显的对应关系。这可能与人们使用语言表达不同感情时,人体喉部肌肉组织紧张程度不同有关。

3. 音量

在发声过程中,声门下压力大,声带的振幅就大,声音音量也随之增大。声门下压力增大的直接动力是气流。音量加大时,气流强度也会增加,对呼吸的要求提高。

播音主持与有些艺术语言不同,它对发音音量并没有严格要求。只要吐字清楚,声音富于变化,大音量和小音量都能做播音员、主持人。这是因为播音主持使用的话筒等电子设备具有灵敏的拾音和放大作用,收听工具也具有音量调节功能，无论是大音量还是小音量都可以通过接收和播放设备的调整达到合适的收听强度。

在实际播音中，播音员、主持人的音量变化幅度通常不是很大。原因如下。

第一，播音主持多以讲述为主，表现实际场景的对话或表演较少。即使表现实际场景，也多采用转述口气，不需要与实际场景的说话方式相同，如在表现叫喊的时候，实际发音并不使用真正叫喊的音量。

第二，播音员、主持人与听众的距离基本上是固定的，不需要通过变化音量来帮助听众收听。在实际生活中，我们会随着与听话人的距离变化，不断改变发音音量，否则对方可能会听不清楚。

第三，有些电子设备对于音量变化的适应性较差。当发音音量对比过大时，话筒往往对细小的声音反应不灵敏，过大的声音又会造成失真。例如，距话筒较近的叫喊会造成声音失真。如果真要叫喊，必须移到离话筒较远的地方，才能避免失真。话筒前的播音主持需要细致的音量层次变化，应当避免忽强忽弱的突兀起伏。当然，从能力上讲，多层次细致音量变化和大起伏音量变化都能掌握最好，因为有些非录音间的现场播音主持，常常需要大起伏的音量变化。

第四，较小的音量变化容易取得明显对比效果。由于人耳的听觉特点，较小的音量变化容易取得明显的对比效果。

响度指的是人耳对不同强弱声音产生的不同感觉，其变化与声强变化的对数存在比例关系：声强增加10倍，响度增加1倍。小音量发音时，稍微增加一点力度，人耳就能明显感觉到音量的变化。而大音量发音，要增加较大力度才能感到明显的音量变化。因此，表达过程中过分用力的大音量反而不易取得音量对比明显的生动效果。

4. 音长

播音主持中的音长可从三方面来理解：它可指语流中音节发音长度；也可指与肺活量有关，由呼气时间决定的发音长度；还可指由话语量构成的连续发音时间长度。音长的形成与音量相似，气流是其决定因素。

播音主持对于音长有较高的要求，它要求播音员、主持人的喉有维持长时间发声的能力，对喉的耐受力有一定的要求。耐受力差容易使喉产生疲劳，在疲劳状态下，声音的力，对喉的耐受力有一定的要求。耐受力差容易使喉产生疲劳，在疲劳状态下，声音的音高、音色和音量变化能力都会大大减弱，变成一种单调和缺少活力的声音。喉的耐受力与呼吸、声门状态有直接关系。当气流过强时，声门倾向于闭合过紧，以阻挡气息，这种状况会降低喉的耐受力，使喉产生疲劳。

播音主持对音长的要求主要表现在以下几方面。

（1）呼气发音时间长。播音主持语言中组织良好的句子，尤其是文稿中的句子往往较长，停顿较少，一口气要发较多的音，使每一次呼气的发声时间延长。播音员主持人要有较强的呼吸能力，以满足长句子发音的需要。

（2）连续发音时间长。播音员主持人在节目中的连续发音时间较长，有些广播节目连续发音时间可能会达到半小时以上。这种发音特点要求播音员主持人的发声器官有较强的耐受力。

（3）音长变化能力。由于语言表达具有多样性和生动性的要求，播音员主持人要有播讲速度变化的能力，即以音节长度变化为基础的语句速度变化，以便形成表达的节奏变化，提高语言的生动性。播讲速度受性格、情绪、环境等因素的影响，也受内心时钟的影响。播讲者自己的速度感觉有时会与听者不同。播音员主持人往往需要积累经验，才能准确把握播讲速度。

播音员主持人应当通过长句子练习提高呼气的发声时间；用长时间播读练习提高连续发音能力；还要通过多种速度播讲练习，掌握语言的快慢节奏变化。

（三）播音主持的发声特征

播音主持发声具备很强的技巧性，指的是播音员、主持人进行语言的表达时，通过对情感、气息、共鸣、咬字器官的调节，提高有声语言在美感、质量上的整体水平。它不仅剔除了自然语言的随意与松懈，也是提高语言审美质量、完成各种语言表达方式（样态）的基础。

电视、广播、网络等属于视听媒介，具有时效性强，保存性、选择性弱，转瞬即逝等特点。播音员、主持人在话筒前说话不仅代表自己，而且代表着媒体形象，甚至代表着一个地区、一个国家的形象，所以其音容笑貌、言谈举止都要与之相符合。加之，播音员、主持人在话筒前的表达，是一个稍纵即逝的过程，不可能像生活中的语言那样松懈与随意，无视受众的听觉习惯，"那么、后来、接下来、然后"等口语词汇随意使用，"自然"的方言乡音"驾轻就熟"，否则，不仅破坏语意，影响传播，而且阻碍"推普"进程，更会降低节目品位。

生活语言的表达，是纯自然状态下的一种原生态，往往不加任何修饰。共鸣的运用及声音的使用，纯粹自然形成，当然也不排除有些人从小因自然条件和语言环境良好，或后天自学能力强，自身语言表达还较准确流畅的情况。长时间不准确发音的人会在说话时无意识地挤压喉头，产生干涩的声音，其传播时毫无审美可言。目前，随着各种媒体及频道的增多，受众的选择范围也相对加大，人们在忙碌的工作之余收听收看节目，不仅要了解信息并积累知识，同时还要满足娱乐需求，所以良好的声音形象会满足受众的审美需求，愉悦身心。

事实上，在受众心目中占有一席之地的播音员、主持人，无一不在语音发声上有很高的水平。他们悦耳的声音、清晰的口齿，不仅给观众带来了美的享受，而且更有效地促进了与受众间思想情感的交流。

二、播音主持发声训练

（一）遵循发声训练的过程及原则

第一，循序渐进。通常情况下，对于任何播音员、主持人来说，语言艺术要求的发声技巧需要大量的时间去反复磨炼而得。在进行学习与训练时，要秉持循序渐进原则，首先要掌握用气的技法，然后掌握用声、吐字的技法，最后要经过锻炼让声音充满色彩。这也是最有效率的训练方法，如不然，不但不易达到要求，心理上也会产生畏难情绪。声音的发出，是通过人体器官的活动完成的。

发音器官需要承一定负担才能成功发声，承受负担的能力需要一点点积累锻炼进而慢慢提升，上一阶段的练习是为进行下一阶段的锻炼做准备，而下一阶段的练习也可以检验上一阶段练习的成果，如此循序渐进地反复练习，势必有所收获。从初期入门到最终精通，虽然是由浅入深，但整个过程不是分离的，是存在特定关联的。只有保证熟练掌握每一阶段的技法，才能让自己掌握高超的吐字发声技术。由浅入深，先易后难，逐渐掌握播音主持艺术的发声技能。进行练习时，每一位播音员、主持人都会发现要想掌握播音主持艺术发声的技法并不是一件容易的事，因此不要有负担和顾虑，在学知识的同时，培养起对学习发声的情感和兴趣。

第二，情声配合。白居易有诗句云"未成曲调先有情"，形容的是弹琵琶。

对于播音员、主持人而言，要播报的稿件就是一种"曲调"，在演绎这些"曲调"时，让其声音化作悦耳动听的秘诀是先对其产生特殊情感。播音主持工作不是全部由技术构成，其不仅本质上是各个器官共同发挥机能作用的活动，还受情感、精神等复杂因素的影响。在调动各个发音器官时，无论是播音员、主持人的心理还是他们的情绪，都会直接影响稿件的表达效果。大脑神经指挥着身体的所有活动。如果播音员、支持人在表达稿件时能够保持振奋的精神状态，那么发音器官会跟着积极运作，稿件的表达也会收获更好的效果。

播音员、支持人所发出的充满情感的声音会让广大听众在思想上为之共鸣，所以播音员、主持人要保持真挚的感情，从而通过饱满的音色发出清晰的字句。所谓"声情并茂"，指的是有感情地表达，相应的艺术感染力很强。虽然人们具备丰富多变的感情，但在表达时流露真情和做作伪装的差异是非常大的。艺术讲究以情动人、发自内心，脱离这个原则进行艺术创作，只会遭受其他人的厌恶。

在进行演播时，播音员、主持人切记不能以声取胜，按照稿件文字照本宣科地念读的方式不是真实的语言艺术，其艺术表现力之肤浅是任何高超技巧和动听声音所无法拯救的，这在听众看来更像是简单地吐字发音。所以，无论稿件短小与否，播音员、主持人都要对稿件上的每一个字、每一句话抱以真挚的情感，运用自然、清晰的吐字方法将稿件内容有感情地表达出来。这样一来，播音员、主持人可以在热情的发音过程中提高表达能力，并在反复的练习和实践中形成独特的、富有色彩和感染力的发声风格，其发音技巧会提升稿件的表现力水平，而这些都是发声基础练习的要求。此外，播音员、主持人在练习时不能过于片面，不能因小失大，不能只注重某一个技巧的训练、某一方面能力的提升而忽略整体效果。

第三，切记不要模仿。演播人员在提升自身整体实力时，都会有学习和借鉴的经历，但从长远来看，模仿的做法只会对发音器官造成损害。在吐字发声时，要学会对发声加以辨别、对用声原理进行了解和掌握，要根据自身的声音特点进行练习和提高，而不是刻意地对"美"的声音、"浑厚"的声音、"亲切"的声音加以模仿，更不能按照某个人的声音进行模仿式练习。像世界上不存在两片完全相同的叶子一样，世界上也不存在发音器官相同的人，也没有哪两个人能够发出绝对相同的声音。对其他人声音的刻意模仿，与自己独特的生理构造的发育规律是相悖的，通过模仿的声音也无法表达出真情实感。

本色最好，本色就是真实，本色就是差异，就是人与人之间的不同。每个人都是独立、独特的个体，而所谓的"完美"本身就有很多种类型。演播人员需要认清自己的自身条件，扬长避短，要以挖掘自己声音的特色、创造自己的播音主持风格为目标进行播音练习和播音实践。

（二）掌握口腔与喉咙的训练方法

1. 口腔的控制

（1）将口腔打开

众所周知，大鼓声响大、小鼓声响小，要想发出响亮的声音，就要构建一种"大鼓"的空间，也就是将口腔打开。上颚的提起和下颚的放松，可以适当加大口腔容积，因此，打开口腔要有提起上颚的感觉，同时下颚要放松。"提""打""挺""松"四个动作可以帮助我们把口腔打开。

"提"，指的是将颧肌提起，让颧肌稍微紧绷，但注意不是做出微笑的表情。当颧肌被提起时，口腔的前部和上颚顶部会随之展宽，鼻孔也会稍稍放大，这时上唇会与牙齿贴合，牙齿会托起上唇运动。这种做法会使力量发挥更为便捷，吐字也会更加清晰、响亮。

"打"，指的是将牙关打开，其目的是让双侧后槽牙保持向上提起的状态。牙关打开后，口腔空间会变大，口腔共鸣效果会更好。运用这种方法发声，会感觉双侧后槽牙间、牙关以及两颊肌肉像是被海绵垫支撑起来。

"挺"，指的是将软腭挺起。可以通过抬起上颚后部使软腭挺起，这时空腔后部的空间会更大，鼻腔通道的入口会变小，这样就不会有太多的声音通过鼻腔变为鼻音。对此，男生可以做出半打哈欠或干杯的姿势将软腭挺起，女生可以试着倒吸冷气，体验软腭挺起的感觉。

"松"，指的是将下巴放松。在完成上述上个步骤后，我们会发现我们的上口盖提到了上方，在这种情况下，只要保持下巴不向下收紧，就做到了"放松下巴"。

（2）唇舌力量集中

咬字器官力量的集中是使声音集中的重要条件，所谓集中，主要表现在唇和舌上。舌的作用尤为重要，在普通话所有音素中，除双唇音和唇齿音之外，都与舌的运动有关。一些人发出的声音力度不足，字音也不够清晰，究其原因是唇舌无力，而提高对唇舌的控制能力是吐字清晰的关键。想要发出更加有力的声音和更加清晰的吐字，就要将唇的力量集中于唇中央的三分之一处，并且将舌的力量集中于舌的前后中纵线处。

（3）明确声音发出的路线和字音的着力处

声音发出的路线具体是从软腭、硬腭的中纵线出发，到达硬腭的前部。字音的着力处位于硬腭前部。发音时声音沿上颚中纵线前行，冲向硬腭前部，这时字音犹如"挂"在硬腭前部，再经口腔发出，经过这一过程的声音会更加集中、润泽，更加具有穿透效果。在发声时，我们可以将自己视作脱离枪膛的子弹，经过无形的抛物线传入麦克风中。

2. 喉咙的控制

在整个发声练习中，"打开喉咙"是核心步骤，其效果对声音的质量会产生直接影响。"打开喉咙"要求正确找到可以稳定喉头的位置，并将口盖以拱状向上收缩，将舌根置于下牙齿后，打开牙关，并将放松的下巴自然拉向后边，完成这个流程后，喉咙就成功被打开。对于初学者而言，怎样做到"打开喉咙"？答案是：里边的哈欠，外边的微笑。

（1）里边"打哈欠"状态打开喉咙

做出"打哈欠"的状态，口腔会被自然地打开并呈放松状，口盖也会被抬起，口腔内拥有充足的空间。在"打哈欠"的状态下，发声会变得更加容易。我们在日常生活中进行"打哈欠"训练可以不张开嘴，闭嘴打哈欠也可以打开口腔。一个人如果能保证每次发声前都处于这种状态，那么他就会发出圆润、浑厚的声音。

（2）外边用"微笑"状态来打开喉咙

这里所指的"微笑"，不是单纯的笑，是将"笑肌"抬高，具体做法是打开鼻腔和咽腔，将牙关打开至牙齿有发凉感，此时两颊的颧骨会表现出微笑的姿态，这种姿态下的喉咙是打开的，发出的声音也是明亮的、清晰的。

（三）播音主持语言发声训练标准

掌握播音主持艺术的前提是灵活自如地运用声音，而做到对声音灵活运用的基础是大量的训练和实践，这是一个人成为优秀播音员主持人的必经之路。

播音支持通过语音得以完成,而播音主持的声音不能如常人那般自然随意,需要经过特殊的艺术加工。如果将人体的发声器官比作乐器,那么这种乐器就包括声带、声腔(口腔、鼻腔、胸腔等),没有经过训练洗礼的乐器不能登上台面。学习发声,是为了提高所发出声音的音质水平以及强化发音器官的各种机能,使得发音器官能够被使用者轻松地驾驭和监测。此外,辨别声音的能力也是十分重要的,一个无法辨别声音好坏、发音的位置、呼吸力度的大小、色彩的明暗程度的人,进行训练时往往毫无头绪。对于播音员、主持人而言,音色优美、圆润、充满力量、富有表现力的声音是其必须具备的,因为他们的任务就是为广大听众提供富有美感的声音。

我们可以将发音训练划分为气息的调节与控制、声腔的运用、共鸣的把握、声带的使用等几个部分。人体是高度统一的整体,包括发音器官在内的各个器官之间都有着密切的联系。就发声而言,只有将功能不同的发音器官协调作用,产生的声音才会具有美感。气流能让声带发声振动,共鸣能让声音变得洪亮,但任何一个器官单独发挥功能都是无法完成发声的,因为发声不仅涉及呼吸、声带,也涉及各个器官之间的调节。当脱离这一规律,忽略各个器官之间的制约时,发出的声音在效果上会大打折扣。例如,只注重喉部的功能,忽略呼气的调节和制衡以及口腔的辅助,就会发出看似明亮、实则含糊不清的声音;过分关注走音的集中、明亮、靠前,不能发挥其调节各个器官的共鸣作用,只会让声音遭遇各种限制,进而拉低整体表现效果,甚至有降低控制发生能力的风险。

在进行发声时,我们要将清各个器官在发声上的主次关系,把握各个器官的发声特点。例如,口腔和气息主导着播音主持的发声,但我们不能因此而忽略声带和共鸣系统的调节功能。想要成为一名表达自如的、合格播音员、主持人,就要掌握发音器官的整体构造、特征和活动规律,进而在实践过程中保证各个发音器官协调地发挥功能。

发声训练时,应根据下面的标准进行训练效果的检验。

第一,气息。是否能灵活地通过胸腹联合式呼吸方法对气息加以调节,让气息变得顺畅、均匀。

第二,音质。是否拥有足够圆润、明亮、集中的音质;是否能够以稿件内容为基础,对自己的音质加以调节,并通过一定的发声技巧创造出多种音色的声音。

第三，音域。汉语具备声调，普通话拥有不同音高的四种调值，稿件内容也要求抑扬顿挫的语势，进而呈现出独特的音乐性。对于播音主持来说，发声的音域位于话声区，但部分诗歌、散文或其他类型的作品要求更高水平的情感和音域，且要求具有以口腔共鸣为前提，辅以胸腔共鸣，保持合适的头音，进而让低、中、高三种类型的声音都变得更加协调。能够对音域自由扩展的播音主持者，更有机会创造出优秀的播音支持作品。

第四，音量。播音主持艺术对大音量的控制范围要求不多，因为过大的音量会产生粗糙、僵硬、灵活度低的声音，而过小的音量，听众很容易听不清播音者的表述内容。在处理稿件时，播音主持者要掌握音量对比变化，要具备灵活控制音量强弱的能力，使得音量在应该加大的地方加大，又不至于嘶吼、高喊；在应该减小的地方又不至于过于无力。在内容无须声音做出过多变化的情况下，播音支持者要做到连续、流畅、音量平稳地将每一句话表述出来。

上述内容所描绘的声音，可以最大限度地灵活处理各个生理器官的机能活动，进而让语言表达更加自然、真实。在发声训练中，良好、精湛的声音技巧是核心目标之一，拥有这种技巧的播音主持者能够创作出高质量的内容表达，他们也会因具备这些技巧而获得更为长久的艺术生命。

拥有扎实基本功、训练有素、演播技巧高超的播音艺术者，往往拥有更加长久的艺术生涯；反之，播音员、主持人不经过系统的训练，就无法维持自己的播音事业，并且长时间的播音工作会让发声器官受损，甚至会让播音者产生生理上的负面现象。这种情况在播音员、主持人中并不少见。尽管部分播音员、支持人可以将稿件内容流畅地表达出来，但他们不具备动听的声音，音质也偏向沉闷或发尖，声音不是过于靠前就是过于靠后，甚至会让听众感觉其声音发散、挤压、气浅等等，这些现象都与发声器官的紧张讲话有关。一旦出现僵化现象，发声器官就无法保持发声机能的平衡水平，局部发声器官的负担会越来越重，甚至超过极限，产生病变。此外，不具美感的声音无法让播音主持者收获正面效果。所以，播音主持者想要发展播音主持事业，就要打牢基本功的基础，并且在相当长的时间里保持这种态度。播音艺术工作者要有这种认识：发声并不是孤立的，发声涉及情感、吐字技巧、表达方法等多个方面，并且这些方面之间既矛盾又统一，其联系不可谓不紧密，声情并茂、字正腔圆就是"矛盾又统一"的成果。

第三节 播音主持的发声共鸣原理和共鸣训练

一、播音主持发声共鸣原理

（一）共鸣器官的划分

共鸣也叫共振。两个振动频率相同的物体，当一个物体发生振动时，引起另一个物体的振动，这种物体因共振而发声的现象叫共鸣（这个振动的声波和原来的声波汇合在一起，加强和丰富原来的声音，形成了共鸣）。

人体共鸣器官可分为高、中、低三个部分。

（1）高音共鸣器官：主要是指头腔、鼻腔等。头腔、鼻腔的形状、大小、容积基本上是固定的，发声时可以从外部感觉到它们的振动。发声时声音经过鼻腔叫鼻音，如鼻腔感觉到振动则是鼻腔共鸣。鼻腔是播音员、主持人发声时的辅助共鸣腔，它可以使声音变得高亢、明亮。

（2）中音共鸣器官：主要是指口腔、口咽腔、喉咽腔等。发声时音响顺流向上，这时候可以感觉到它们的振动。口、咽、喉腔是播音员、主持人发声时的主要共鸣腔，它可以使声音变得丰满、坚实。

（3）低音共鸣器官：是指胸腔和肋腔。发声时音响顺流而上的同时，也可逆流而下，波及胸腔、肋腔，这时充满气息的胸腔在声波的振动下会产生胸腔共鸣，这种振动是可以触摸到的。胸腔是播音员、主持人发声时的基础共鸣腔，它可以使声音变得浑厚、低沉。

以上所讲的高、中、低共鸣腔，在播音、主持发声运用时，不可偏废，要互相调节使用。一般地说，以口腔为主、以胸腔为基础、以鼻腔为辅的三腔共鸣发出的声音，具有浑厚、坚实、明亮、丰满、圆润等刚柔适度的特色。当然，依政论、文艺、谈话等不同类型的稿件和喜、怒、哀、乐等不同的情绪来调节，运用好共鸣，也是必不可少的方法。

（二）调节共鸣的部位及影响

1. 喉

喉是人体的发声器官，它可通过声带的振动产生声音。同时，它还可以像阀门一样打开或关闭。它对共鸣的影响涉及两个方面。

首先,它是元音共鸣的声源。喉在发音过程中产生的音高、音色、音量变化都对共鸣有着不可忽视的影响。例如,较为明亮的实声易于引起鼻腔共鸣,较低的音高易于引起胸腔共鸣。

其次,喉的开合程度对胸腔共鸣有重要影响。如果声音较低,但是声门闭合很紧,即使可以感觉到胸腔振动,但胸腔共鸣音色并不明显。这是因为过紧的喉将胸腔出口阻断,声音憋在里面出不来的缘故。

2. 舌

舌对口腔共鸣影响最大。舌可以在口腔内灵活运动,改变口腔和咽腔的大小、形状。舌的作用之一是形成舌位变化,产生不同的元音。在元音产生后,舌位的细小差别也影响着音色的共鸣效果。舌在以下几方面对共鸣音色产生影响。

一是舌位前后。发音时整个元音系统舌位前后不适当,或部分元音舌位前后不适当,都会产生声音问题。如果元音舌位整体偏前会使发音轻飘,声音缺少厚重感;元音舌位整体偏后会造成发音沉闷。前元音太偏前或后元音太偏后会造成发音时部分音轻飘或沉闷。由于乐音是语言听感中的主体,而语言中的乐音多数由元音构成,所以元音舌位不当会直接造成不良音色。

二是舌位上下。发音时舌位的高低对音色也有影响。当发音时嘴张不开,上下颌开度偏小,舌位明显偏高时,会直接影响低元音 a 的发音。在普通话语音系统中,带有 o 音的音节数量较多,因此,尽管只有一个 a 音发不好,但对语音整体的影响却很大,会使人明显感到声音发扁。

三是发音伴随动作的影响。发音时,那些不决定元音性质,但与元音发音过程相关的伴随动作会影响共鸣的音色。例如,使用舌面发元音时,与舌面相关的舌尖和舌根的位置和动作,虽然不会影响元音的准确性,但却对元音的音色产生一定的影响。

由舌产生的共鸣问题,多数与元音的发音有关。在分析和解决共鸣问题时,应当结合字音来分析,这一点与胸腔或鼻腔的共鸣问题有所不同。

3. 软腭

软腭是一个可以活动的器官。在放松状态下,软腭自然下垂,口腔和鼻腔通道连通。抬起软腭,能够让口腔和咽腔的容积变大,也能将与鼻腔的通道变小直到隔断。

软腭具有类似阀门一样的开闭能力。发音时，根据发音的需要，软腭会频繁地开闭，以控制发音时鼻腔共鸣的介入方式和介入程度。此外，软腭能够发挥出让口腔共鸣改善、进一步控制鼻腔共鸣的作用。

4. 双唇

在发音时，双唇能够充当口腔中前腔共鸣器的出口。它能够引起管口长度发生变化，也可以产生管口面积大小和管口圆扁的变化，因此对发音的共鸣音色有明显的影响。此外，通过活动双唇还可以改变两颊状态，让口腔形状发生变化，对口腔共鸣也有直接影响。

（三）播音发声的共鸣方式

播音主持工作中的共鸣和戏曲歌唱等艺术形式的共鸣不完全相同，其共鸣更多的是口腔的共鸣，鼻腔共鸣、头腔共鸣、胸腔共鸣，要结合播读情况而综合运用。共鸣对于播读稿件而言，不仅仅是音量的改变，更是音色的美化。共鸣控制情况的好坏影响着播音主持工作者声音作品的感染力和艺术表现力，好的共鸣会产生"黄钟大吕"的震撼和"余音绕梁"的审美享受。

1. 口腔共鸣

口腔是声音形成的主要器官，口腔中各个肌肉群的协调运作可以使声音圆润动听。口腔共鸣指的就是气流被推送至口腔，在口腔的中上部引起振动，形成共鸣效果。口腔共鸣最主要的基础就是改变口腔肌群的慵懒松弛状态，增强口腔的开合度，使得声音在经过口腔时音色饱满。

2. 头腔共鸣

头腔共鸣在播音主持实践中的运用范围有限，因为过多的头腔共鸣会使作品的爆发力增强，声音"往上走"，易引起"金属感"。头腔共鸣方法一般常见于大型的诗歌作品朗诵，特别是一些古体诗歌的朗诵中。

练习头腔共鸣的方法可以用高低音的方式完成，由低到高再由高到低连续发"o"音，每次音程都由最低点到最高点，如此反复。注意，在头腔共鸣的练习中只有充分运用胸腹联合呼吸法才能体会到声音由胸腹直至头腔的动程。

3. 胸腔共鸣

胸腔共鸣即发音时胸腔外廓微张，气流在出咽部前引起胸腔共振。胸腔共鸣对播音的表现力有着比较直观的影响，很多男生在播读中喜欢频繁地使用胸腔共鸣来增加声音的厚重感，这产生了比较好的效果。找到胸腔共鸣的状态也比较容易，尝试多发单音节上声，发音部位适当靠后，仿佛延长了气息在肺腔的停留时间，同样要注意的是，呼吸时上腹部仍要收缩。

4.鼻腔共鸣

鼻腔共鸣即发音时软腭和小舌下垂，鼻腔通路打开，气流经过鼻腔时引起共振，发出鼻音。同胸腔共鸣一样，鼻腔共鸣多数情况下男生采用较多。鼻腔共鸣和鼻韵母不同，使用过多过勤有发音缺陷之嫌。软腭悬在中间，鼻腔口腔同时打开，这样发出的就是半鼻音，效果自然些。想要体会鼻腔共鸣，可以采用捏住鼻子发"n""ng"音的方法。

（四）播音主持的共鸣特点

播音主持的共鸣特点以空腔共鸣为主、以胸腔共鸣为辅、以鼻腔共鸣适度为佳。

以口腔共鸣为主，就是以吐字为中心来使用共鸣，把字音的共鸣调整好。播音主持是语言艺术，只有结合吐字运用口腔共鸣，才能既做到字音清晰，又做到发音圆润，也就是人们常说的"口齿清楚，发音动听"。

由于播音主持在特点上与口语类似，在播音主持中，口腔共鸣的重要性高于胸腔共鸣和鼻腔共鸣。当忽略口腔共鸣的重要性，且更加侧重其余共鸣产生的音色时，所吐出的字会更加倾向于浑浊不清，同时，音包字等发音问题也会出现。

播音员主持人除了经常在空间较小的演播间播讲，还可能涉及空间和场面较大的现场播音主持。在这种大空间、远距离场景中，除了增大音量外，还可以适当增加鼻腔共鸣，以提高声音的穿透力。

与其他艺术，尤其是戏剧歌唱艺术相比，播音主持拥有使用共鸣的不同方式。在戏剧歌唱艺术中，常常会通过突出鼻腔、胸腔、头腔共鸣的方式，让音色更具某种意蕴。此外，在戏剧歌唱艺术中，有时需要根据腔调处理字音，这些共鸣方式与播音主持共鸣方式有明显的不同。

值得注意的是，一些接近口语的民间说唱艺术强调以字行腔，对口腔共鸣极为重视，在这一点上与播音主持有相似之处。

二、播音主持共鸣训练方法

通常情况下，人们把拥有好的共鸣的播音员称作"自带音箱"。共鸣不仅可以扩大、美化声音，而且能够以不同的感情色彩完成情意的表述。一个播音员需要通过口腔控制、呼吸控制的反复练习，以提高共鸣调节声音的能力，只有这样这个播音员才可以让自身的声音具备多变性。

（一）发音共鸣训练

人类用于共鸣的器官包括口腔、鼻腔、胸腔。

口腔具备可调节性，是很重要的共鸣腔。将口腔打开后，人们可以在发音过程中维持积极状态，也可以为各个咬字器官积聚力量，让唇、舌更容易发力。

鼻腔不具备可调节性。我们在使用鼻腔时要控制好力度，力度控制不好的情况下，声音的清晰度会降低，也会使得音色变浑浊、油腻、拥堵。

胸腔也不具备可调节性。胸腔共鸣能够很大程度地影响低频声波的共鸣作用，也能够使音量变大、低泛音增加；运用胸腔共鸣，也能产生洪亮、浑厚、力量感十足的声音。

1. 口腔共鸣发音

（1）唇与牙齿紧贴，提升声音明亮度。我们可以发现，习惯噘唇说话的人，其音色往往更暗、更浑浊，这类人可以通过将双唇收紧、拉进唇齿间距的方法提升共鸣效果。在进行相关练习时，练习者可以先练习单元音，然后慢慢尝试练习短的句段，注意边练习，边与自己噘唇发音进行对比。

（2）微微抬起嘴角，抵消负面音色。当嘴角下垂时，我们表达欢乐、正面情感的难度会增大，这时一方面要提起颧肌，另一方面要微微抬起嘴角，产生的音色自然会大有不同。与上述方法类似，先练习单元音，再练习短句段，练习中注意进行对比。

（3）改变 u、o 发音音色。有些人习惯以拉长嘴唇突起时间的方式发 u、o 音构成的字，所发出的声音比较暗、比较沉闷。针对这种情况，我们要让唇齿紧贴，缩短嘴唇突起时长，进而让音色变得清晰、明亮。

2. 鼻腔共鸣发音

（1）体会鼻腔共鸣。抬起软腭后，共鸣会减少。可以练习发音带有 i、a 的练习音，以拉低软腭位置鼻化元音部分的方式，感受鼻腔共鸣。

（2）鼻腔共鸣练习。在练习鼻腔共鸣时，要注意鼻腔共鸣不能使用过多，否则会产生鼻音。通常情况下，由于 a 音的鼻腔共鸣不强，发 a 音要降低舌位，加大软腭下降程度；由于 i、u、o 音需要高舌位，其更窄的口腔通路使得气流更易进入鼻腔，进而产生鼻腔共鸣，在发这些音时，要控制软腭下降程度，位置过低的软腭会产生鼻化的元音。针对这些情况，我们可以尝试通过 m、n 音节的发音练习感受鼻腔共鸣，之后再发如"妈妈""小猫""出门"等其他种类的音。

（3）弱化鼻音色彩。一个人过多地运用鼻腔共鸣，他在说话时就会习惯性地运用鼻音，而这也是改善音色的一种方式。如何确定鼻音是否过多？将鼻子捏住，读下文中提及的词语，如果发元音时鼻腔就已经振动，韵母元音的发音也都是鼻音，这就证明是鼻腔共鸣运用过多，应减少鼻音化的程度。例如，渊源、黄昏、间断、湘江、光芒、荒凉等。

3. 胸腔共鸣发音

（1）体会胸腔共鸣。具体方法为将手轻轻按于胸部上，由高到低地发带 a 的长音，这个过程要求以实音开始、以虚声收尾。练习者连续做这种练习，就能发现更容易产生胸腔共鸣的发音方式。

（2）通过胸腔共鸣改变音色后，保持这种音色，练习下列与 a 音相关的词语，然后用适当的低音练习下面的短诗，注意加强韵脚的胸腔共鸣。例如，暗淡、反叛、散漫、武汉、计划、到达、白发、出嫁等。再如，锄禾日当午，汗滴禾下土。谁知盘中餐，粒粒皆辛苦。

（二）共鸣音区训练

1. 中音区共鸣

中音区与人的自然发声区大抵一致，其主要通过口腔、咽腔、喉腔、鼻腔产生共鸣。利用中音区产生共鸣时，鼻腔在容积上的变化空间不大，其余共鸣器官的形状和大小可以通过大脑有意识地调控，也就是说这些器官具备可调节性。利用中音区共鸣发出的声音会更加清晰、更具亲切感和真挚感，共鸣体的变化决定了这种声音的变化方式多种多样。此外，中音区发音的另一优点就是可以随意完成向高音区或低音区的转换，产生的声音也就更加富有变化。

在进行中音区共鸣的锻炼时，要将上口盖（硬腭和软腭）、下口盖（下颚）、后牙全部打开，让舌头处于放松状态，使共鸣腔的内部空间变大；让口腔后部更加开放，因为咬紧后牙不利于产生中音区共鸣。

2. 高音区共鸣

高音共鸣主要通过口腔、鼻腔的上半部分、头腔产生，其在变化程度上看是部分可变。

高音区共鸣能够使声音高亢、明亮、丰满、悦耳，更能振奋人心。

进行高音共鸣的锻炼时，要尽可能提高硬腭和软腭，让下口盖处于放松状态，并且将口腔打开至出现适当空间；以小腹为支点进行发力，把气顶上去。这时，注意不能让气流直接进入口腔，而要让它经过鼻窦、头腔引起振动，从而产生共鸣效果。

3. 低音区共鸣

低音区共鸣主要通过口腔、咽腔的下半部分和胸腔得以产生，其发出的声音具备丰满低沉、温暖苍劲、浑厚有力的音质。

进行低音区共鸣时，要保持放松状态将下口盖压向下方，但不能对喉头造成压迫感。通过肺部产生共鸣时，气流会向下走，我们可以用手轻轻按住胸口，感受振动。在进行练习时，优先选择声调为第二声的字，会更容易产生低音区共鸣。

4. 混合共鸣

汉字发音是具备音调变化的，并且不同情感的作品往往对应着不同的音调变化。与声音保持同一位置的现象不同，进行语言发声时，各种共鸣区都发挥作用。所以，灵活掌握共鸣切换点，随意切换各个共鸣区对应的发声是很重要的，而这种发声方法就是混合共鸣。

练习共鸣发声，讲究对不同音区展开针对性训练，这样才能发现最佳共鸣状态，让声音变得洪亮、动听。在实际过程中，要围绕各个音区的共鸣进行训练，同时兼顾其他音区。脱离这条原则，中音共鸣对应的声音会变得苍白，高音共鸣对应的声音也无法产生预期效果，低音共鸣则会产生让人顿感沉闷、拥堵的声音。

可以用唱读的方法练习一些经典绝句，通过这种方法巩固发声技巧，让声音变得灵活自如，并在高亢洪亮、浑厚有力、亲切甜美中灵活切换，从而提升作品的整体魅力和整体内涵。

第四章 播音主持语言表达技巧

良好的语言表达技巧,是播音员和主持人必备的素质。本章为播音主持语言表达技巧,分为三部分内容,依次是播音主持话语角色认知构建、播音主持语言表达内部技巧、播音主持语言表达外部技巧。

第一节 播音主持话语角色认知构建

一、播音主持话语角色内涵

(一)话语角色分析

话语角色指说话人在进行言语交际活动时所扮演的活跃性社会角色,它是由说话人和受众之间的社会关系决定的。说话人对话语角色的认知在人际传播或大众传播活动中非常重要,它是言语交际活动的起点和基础。话语角色认知包括对话语角色内涵的认知、说话人对受众的认知以及对双方角色关系的认知。播音员、主持人要清楚自身话语角色特点,同时还要潜心研究栏目和节目受众,准确把握传受关系,用它们来指导自己的言语行为。

(二)播音主持的话语角色分析

播音员、主持人的话语角色就是他们在主持节目时的活跃性角色,是他们的社会角色在言语交际活动中的具体化。播音员、主持人是一种职业角色,是人们在后天获得的一种稳定的社会角色。

播音员、主持人话语角色内涵比较丰富,我们着重从两个角度来阐述:一是从职业属性来看,播音员、主持人是大众传播者;二是从岗位职责来看,播音员、主持人是节目的主导者。前者宏观,比较概括;后者微观,相对具体。

1. 播音员、主持人是大众传播者

大众传播通常是指职业传播者和传播机构通过大众传播媒介（如报纸、广播、电视、互联网）向大众提供信息、知识、观念、娱乐等的过程。职业传播者指记者、编辑、摄像、录音、播音员、主持人等媒体从业人员，他们是大众传播活动的发起者和传播内容的制作者；传播机构指报社、广播台、电视台和网站等媒体机构，他们是大众传播活动的组织者和经营者。职业传播者和传播机构都是大众传播的主体。

作为职业传播者中的一员，播音员、主持人在节目中是直面受众的信息传播者，处于大众传播链条的最末端，位置非常重要，常常被比喻为接力赛的"最后一棒"，可以说，他们在节目中的表现影响，甚至决定着节目质量和传播效果。

当播音员主持人面对受众时，已经不只是节目创作团队中的一员，还是节目的代言人。在节目中传播的话语，不管是来自记者编辑，还是由自己撰写，都要代表栏目宗旨、集体观念。因此，在认知话语角色中，播音员主持人要处理好"大我"和"小我"的关系，做到"大我"和"小我"的融合和统一，在行使媒介机构赋予的话语权的同时，承担好大众传播者的社会责任，实现媒介机构的传播功能。

媒体的传播功能是多方面的，包括政治功能、经济功能、教育功能、文化功能、告知功能、引导功能和监督功能，等等。相应地，播音员主持人就是喉舌，是社会守望者，是新闻报道者，是文化传播者，是历史记录者，是教育服务者，是娱乐提供者，等等。由于媒体的传播功能不是彼此割裂、毫无关联的，而是相互联系、相互渗透、彼此作用的，所以播音员主持人的众多角色也是交织在一起的，只是在不同节目中有主次、显隐的差别。比如，政治功能在新闻节目中比较明显，在娱乐节目和生活服务节目中比较隐蔽，则前者中的播音员主持人以喉舌角色为主，后者中的播音员主持人以娱乐提供者和服务者为主。不过，广播电视作为"党、政府和人民的喉舌"的性质并不因节目形态而改变，媒体应该成为党、政府联系人民群众的纽带。播音员主持人要传达党和政府的声音，引导人民正确认识国家的政策方针和发展方向，反映人民群众的普遍愿望和正义呼声，维护党和人民群众的根本利益。

2. 播音员主持人是节目主导者

随着节目形态的发展，播音员主持人在节目中的作用越来越大，对其素质的要求也越来越高。他们既要深度介入节目内容的生产，还要掌控节目的播出过程，甚至要负责节目的剪辑和包装。播音员主持人与节目的关系越来越紧密，不仅是节目的品牌形象，是节目的代言人，更是节目的主导者。要扮演好节目主导者的话语角色，播音员主持人就要承担好节目的衔接职能、叙事职能、评论职能、沟通职能和掌控职能。

（1）衔接职能。这是播音员主持人最基本的职能，也就是从节目形态、节目内容的实际需求出发，串联各种咨询、节目板块或节目步骤，如新闻主播串联各类资讯，综艺娱乐主持人串联不同环节。

（2）沟通职能。沟通是节目"人际性"传播的重要特色，是播音员主持人更好地达到传播目的的重要途径和方式。沟通的主要形式有主持人与嘉宾的交流，通过短信、QQ、微信、热线电话与受众交流，与现场观众互动，与外景记者连线，以及主持人之间的互动。互动的内容可以是观点沟通、情感交流或是心理交流。主持人要保证能随时与嘉宾、受众及同事进行沟通，既要能答，也要善问，以积极的互动、真诚的交流，实现信息共通。

（3）叙事职能。叙述是媒体传递信息的最主要方式，因此，无论处理哪类节目，播音员主持人所具备的叙事能力水平要够高。在进行新闻类节目的讲述时，叙事占有较高的比例和较大的篇幅，对主持人的叙事能力要求更高。

（4）评论职能。在众多节目类型中，新闻评论类节目主持人最应当具备评论能力，对于其他类型的节目而言，评论能力也是必备的。例如，在做访谈节目时，主持人要在与嘉宾、受众进行沟通时对所叙事件进行分析和辨别，从而抓住其理念重点，进行下一步的沟通。

（5）掌握职能。无论在直播中还是在现场进行互动中，推进节目环节、拓展讨论话题、平衡采访对象的情绪、调节现场氛围、报道对象的动态变化、突发情况的应变处置等，这些主要由主持人来主导和掌控。在综艺娱乐类节目或是访谈类节目中，控场对于主持人而言是核心技巧，这种技巧在主持人进行新闻事件的动态直播时尤为重要。主持人的掌控职能主要分为两种内容：第一，精准把握节目的意图，以确保节目按照预期规划进行；第二，随机应变，根据现场情况灵活地应对各种突发情况，以保证节目的顺畅。如果播音员主持人不能及时妥善地处理好节目中出现的意外情况，那么轻则失职，重则失业，将给个人和节目造成难以消除的负面影响。

二、播音主持话语角色类型

（一）广播类播音主持话语角色

1. 广播新闻播音主持

广播新闻播音主持对艺术性有一定的要求。广播新闻播音主持的艺术性，指的是播音员主持人根据新闻事实的真实报道，按照新闻学的规律和原则，通过加入某些语言艺术和技巧对新闻事实进行加工和再创造，使得听众接收到的广播更加生活化、更具艺术性，听众也乐于接收这种广播语言。

在广播新闻播音主持中，"播""说"指的是通过有声语言进行信息的有效传递，其关系是相辅相成，前者为后者的基础，后者为前者提升了活力和色彩水平，且能够将新闻稿件涉及的时间、地点、任务、起因、经过、结果清晰地阐述出来，二者对新闻稿件都能发挥再创造和深加工的作用。如果说"播"能够为有声语言积累发展基础，那么"说"解决了现如今信息化时代的多元化发展需求。"播"对应单一的新闻形式，其传播效果由播音员主持人的综合实力决定，片面地具备某一种能力不代表能够产生良好的传播效果；通过"说"处理新闻的方式丰富多样，口语化的表达方式更能让听众接受，对应的传播效果也可谓显著。大多数需要"说"的新闻，都涉及广大听众的日常生活，所以自然更受他们的关注，人们也更愿意对之产生共鸣。

2. 广播评论播音主持

广播评论需要播音主持人员掌握说和听的道理。并要求其能够通过语言声音将这些道理表达出来。从某种角度看，语言、音响和广播文字都是"活"的，其表现形式有很多种。

说，用于对内容语境和意境进行评论，无论是评论者、主持人的"说"，还是大众的"说"，都能将新闻事件、任务和社会现象表达出来。此外，说也是对新闻事实进行评论的最基础方式。

谈，指的是两方之间或多方之间就事情和道理的认识以及思想观念进行交流沟通，它涉及对事实内容的评论、分析、判断。在谈的过程中，正义与否、正确与否、耻辱与否、道理深浅、心理健康与否都会得到分辨和界定。

述,是说的转变结果和延续成果。在对事实内容进行评论并不断深入的过程中,述在文字语言上的表现方式应该是"白描的述""工笔的述",经过事实、道理的述后,评论会变得更加生动,其说服力也就更强。此外,不同人的述也会产生不同效果。

问,指的是问事问理,以一方与另一方进行交流为基础。无论是记者还是主持人,在具体工作时都要做到问事问理,将问题或事件的核心挖掘出来。

论,也就是评论、讲理。以论点为中心,对各种论据加以充分运用,并按照清晰的逻辑加以阐述,根据道理把事件陈述清楚,甚至把别人没想到的或想说却没说出来的理都表达出来,给人耳目一新的感觉;把对听众有教育意义的理和具备逻辑性、思想性、正确性的理说出来。评论的特点就是由事说理、以理明事,事与理互为因果。

3. 广播通讯播音主持

通讯播音,指的是播音员根据真情实感的体验,通过具体、形象、生动的报道方式将新闻事实报道出来的一类播音主持文体。通讯和消息、评论等播音主持文体比,具有很强的描绘性和抒情性。同时通讯播音还具有综合性特点,即叙述和议论兼而有之。通讯播音在准确、鲜明的基础上,较为强调表达的生动性。

广播通讯播音情感变化细腻、丰富,气随情动,语言吐字的刚柔松紧,发音位置的前后对比,声音的强弱虚实变化,在广播通讯播音中体现得较为明显。每个人播音主持时的内心依据不同,感情体验不同,其声音停连的位置和重音的选择也会不同,甚至同一个主持、同一篇稿件,这遍播和下一遍播,有时也不完全一样。

广播通讯播音不像消息、评论播音主持那样节奏平稳。通讯播音由于其感情细腻、浓重,具有描绘、抒情的特点,语势多呈曲折状态,感情对比度大,使得语气节奏变化幅度也大。

(二)电视类播音主持话语角色

1. 电视新闻节目主持

作为电视节目的主要形态,电视新闻节目是群众接收新闻信息的最主要渠道,它以画面为主要表现手段,结合播音主持人的播报、参评、串联,将新闻信息呈现给广大听众。需要注意的是,围绕客观事实的新闻要具备真实性、准确性、及时性等特点,这就要求各个播音员主持人把握庄重性的度,既不能太过严肃,也不能过于呆板,保证播音风格足够活泼但不轻浮,使得所表达的语言始终处于规范的尺度内。

通常情况下,我们所理解的语言的作用是将意思和情感表达出来,而在电视新闻播音主持中,语言被用于向大众传递正能量,播音主持的语言要具备庄重性,其行为要足够得体,态度要足够稳重,这样一来广大听众才会信服,但庄重不代表死板,也不代表不苟言笑。

此外,亲切感不仅能够降低节目与观众的距离感,也能让主持人与观众构建真诚相待、平等友好、互相信赖的联系。电视新闻节目播音主持的亲切感来源是广大听众的切实需求,其建立基础是双方主体互相平等。此外,具备亲切感的播音语言能够让传达的信息变得更加清晰,具备亲切感的主持人可以让自己的语言表达更具精准、生动、真实的特性,其主持风格也就更受广大听众的欢迎。

2. 电视社教节目主持

串联型主持是主持人用串联词等手段将零散的节目片段有机地组合起来,形成一档整体性节目的主持方式。在这样的结构中,评述的内容大多由主持人来完成,小专题中大多为描述性和叙述性的相对独立的片段,如中央电视台的《本周·英雄模仿秀》。

讲解型主持一般以极具个性化的讲述人(主持人)现场讲述和展示为基本形态,节目以案件或事件现场实录回放为线索,解密国内大案要案、社会传奇、情感故事等,代表性节目有北京电视台的《档案》。讲解型主持人作为讲述者,是拥有资料、道具的现代说书人,是节目的主宰。主持人根据节目内容抛出悬念和疑问,设计演播室内的行动线,综合使用节目元素,从而形成独特的戏剧化的节目亮点。

演示型主持人以动手操作或演绎人物的行为为主,边讲解、边操作,或化身为某一具体人物在某一特定场景中操作,展现制作的全过程。主持人讲解必须口语化、生活化,代表性节目有中央电视台的《走近科学》。

体验型主持是指主持人亲身投入到某种不曾经历过的活动或尝试一些新的设

备，以主持人的身体与心理感受向受众展示节目所要传达的信息。旅游类节目大多为体验型主持，这类节目的播出目的就是满足受众的旅游体验需求。

我国的经济在飞速发展，人民群众的精神需求也在不断更新，对电视谈话节目的需求也越来越高。谈话节目具备题材广泛、制作便捷、所需资金投入不高等多种优点，这也是制片人青睐谈话节目的缘由，这类节目在我国的发展前景可谓十分光明。社教服务节目的谈话型主持人通过与专家、嘉宾的互动交流传递知识或帮助人们解开情感困惑，如《心理访谈》《健康之路》《养生堂》《金牌调解》等都属于谈话型社教服务节目。主持人在这样的节目中充当专家的助手、受众的代表和调解员。

竞技型主持是指主持人通过担当评判的角色，对不同领域、不同内容的竞赛进行传播。随着我国社教服务节目的发展，竞技被广泛引入节目中。

3. 电视综艺节目主持

我国第一届春节联欢晚会的举办成功为我国打开了电视综艺节目的新篇章。我国的电视综艺节目发展时期可分为四个阶段，每个阶段里的综艺节目都塑造出很多语言风格不同的主持人。从整体看，主持人的语言风格历经从"舞台化"到自然真诚又举止得体再到诙谐幽默、亲民的转变。不同电视节目的主持人有着不同的主持风格，例如情感型综艺节目的主持人代表倪萍，拥有朴实动情的语言，"催泪"效果很强；幽默型综艺节目主持人代表汪涵，语言风格诙谐幽默，常常能够击中广大观众的"笑点"；活泼型综艺节目主持人代表何炅，拥有生动形象的语言风格，常常能给观众带来惊喜。电视综艺节目主持人的语言风格与主持人的创作风格和所处时代、所处地域、观众的不同需求都有很大的关联。

三、播音主持话语认知体系

（一）播音主持体态语

1. 体态语及其构成

在节目主持中，口语不是播音员主持人唯一与受众沟通交流的工具，其身体的动作形态也可以辅助有声语言表达情感、传递信息，这种身体行为，即表情、动作、空间距离等就是播音主持体态语。

体态语是一个庞大复杂的表达系统，根据身体构造对体态语进行分类，可分为表情、手势、身姿以及因体位变化产生的空间语言。

表情表现在颈部以上，能够将心理变化、心理状态、生理变化呈现出来，挤眉弄眼、眉飞色舞都是用于形容表情的词语。表情其实就是感情或情绪的外在表现形式。

作为一种体态语，手势具备很高的复杂性，人类将之用作辅助交流的工具。在有声语言出现之前的相当长的一段时间里，人类都是通过手势完成交流沟通的。经过很长时间，人类才创造出有声语言，这一过程中，双手发挥了不可替代的作用，这也是双手表达在真实生活的人类交流中的复杂程度超过其他方式的原因。

在许多社会心理学家和传播学学者看来，手势的表现力仅次于脸。手势一般可分为掌势、指势、臂腕势三类。

身姿是指以躯干为主体的身体各部位呈现出的各种姿态和动作，主要包括站姿、坐姿、蹲姿、走姿等。

空间语言也称为人际距离。人们往往通过不同的距离间隔和方位趋向将各种含义和态度表达出来，进而完成各种传播活动。每个人的身体都有固定空间，不仅如此，人们对身体周围的空间也有一定的需求。如果他人进入了自己的需求空间，就会让人觉得不舒服或者不安全。一个人需要的空间究竟有多大？因文化、环境、性格、性别、年龄的不同会有所区别。一般来说，西方人比东方人需要的空间大；男人比女人，青年人比儿童、老年人需要的空间大；性格内向者比性格外向者需要的空间大。

2. 体态语在播音主持中的作用

和单纯利用有声语言进行信息传播的广播相比，电视具备独特的视觉功能，体态语能够发挥沟通情感、传递信息的作用，并结合有声语言共同完成信息的传播任务，体态语对于电视节目主持是十分重要的。

（1）传播信息

不同的节目设置体现出不同的宗旨、不同的目的，针对不同的受众，显现出自己的特征。播音员主持人的工作就是与采编及技术人员一起通过自己的有声语言与体态语体现出节目的宗旨和特征，满足受众的需求。不同内容的节目，播音员主持人可以使用不同的体态语来帮助表达，如少儿节目主持人的体态活泼可爱、新闻节目主持人的体态端庄大方、社会服务节目主持人的体态优雅舒展、娱乐游戏节目主持人的体态活跃夸张等。

体态语在帮助播音员主持人传播节目信息的同时，也在传播着自身的信息。人们常说，举手投足之间便可看出一个人的修养。意思是说，人们德才学识的积累会在不经意的体态中表现出来。体态是一个人心灵与机体运行状态的反映。例如，忧郁的心灵与疲惫的机体会使身姿懈怠、两眼无神、肌肉紧张，从而表现出一种消极状态；而快乐的心灵与充满活力的机体会呈现出挺拔的身姿、神采奕奕的眼神、真诚的微笑，从而表现出一种积极状态。积极状态有助于人际的沟通与交流，是节目质量的保证。

（2）审美作用

体态语可以吸引受众的注意，产生审美作用。根据巴甫洛夫学说的原理，人脑在面对静止的形象时更容易产生抑制效应，如果刺激人脑的兴奋点经常处于运动状态，那么人脑主体产生疲劳的可能性就会变低。因此，形式多样的体态语可以使受众不断产生兴奋的感觉，保持注意力集中。受众的注意力集中了，对主持人也会形成一种反射，有助于二者之间的交流。

（二）播音主持话语样式

1. 朗诵式

朗诵的目的往往是朗诵者希望通过有声语言来抒发感情、渲染气氛，注重与受众产生情感的共鸣而非表面上的互动；朗诵的场合一般开放性较强、艺术氛围较浓。这些特点要求朗诵时语言表达起伏较大，感情充沛。与宣读式、讲解式、谈话式相比，朗诵式的艺术特色最为鲜明，感染力最强，由此形成了朗诵式的基本模式：气势磅礴、跌宕起伏、抑扬奔放、纵横驰骋。广播电视中的一些大型晚会、现场转播、文学或读书类栏目、专题报道等常会使用朗诵式来表达。

2. 宣读式

宣读行为在我们的日常生活里经常出现，如宣读报告、倡议、通知、注意事项等。"宣读"往往有文本依据，这是因为所要传达的内容要求准确、完整、严谨。广播电视的一个重要功能就是传播信息，每天都要发布大量的新闻资讯，其最重要的目的是准确清楚地传播事实。报告新闻时，新闻主播一般要以文本为依据，明确哪些内容是人们欲知的、未知的，以"我想告诉大家"或"我想转述给大家"

一件事或一个公告为基本心态，尽力做到语言传播清楚准确。宣读式强调语言表达清楚准确、干脆利落，不追求渲染气氛、情感起伏跌宕，是新闻报道中最重要也是最适宜的话语样式。宣读式的基本模式为：逻辑鲜明、声音爽朗、顿挫巧妙、语势稳健。

在广播电视语言传播中，由于大多数消息强调在有限的时间内传递较多的信息，同时不像故事那样要求有具体的情节前后联系紧密，因此要求在有声语言线性传播中，让人对信息过耳即明，无须反复琢磨，停连、重音的准确、适当是需要特别注意的方面。与朗诵式不同，宣读式一般不强调声音对比鲜明，而主张语势稳健，节奏明快。

当然，并不是所有的消息播报都必须用宣读式，有时也可以用讲解式、谈话式，而且即使是宣读式，也还可以选择不同的格调，对此我们将在话语体式部分加以说明。同样，也不是只有新闻才适用宣读式，比如一年一度的《感动中国》特别节目，其颁奖词和推选委员的推选词也很适于采用宣读式。

3. 讲解式

讲解重在"解"，所谓"解"，指的是解释和说明。讲解以解惑和将内容清晰表达出来为目的，激发他人的兴趣也可以看作是讲解的另一个重要目的。因此，与宣读者不一样，讲解人的任务不仅不能局限于解释"是什么"，还要保持一定的趣味性，并通过一定的条理将"怎么回事"讲明，整个过程的交流感是很强的。这样的心态和目的形成了讲解式的基本模式：丝丝入扣、娓娓道来、细细咀嚼、深深品味。讲解式在广播电视语言传播中的应用十分广泛，不仅用于纪录片、专题片的解说，在新闻中也可使用。

4. 谈话式

作为一种基础的交流方式，谈话被人们在日常生活中广泛应用，并且人们会更加倾向于认同谈话式具备最自然、最贴近生活的特征。在广播电视语言传播中，改革开放特别是主持人节目兴起后，谈话式在各类节目中被广泛使用。谈话式的基本模式为：自然流畅、松弛跳脱、潇洒飘逸、灵活贴切。虽说谈话式最自然，但要运用得体也不是只"自然"就行的，更不能随随便便。因栏目的内容、风格、受众特点等差异，对主持人的"自然"会有不同的要求。正如我们生活中与人交谈时会因场合、对象不同而调整说话的方式一样，在话筒前和镜头前，播音员主持人也要根据栏目特点及自我定位,确定与受众交流的恰当方式,否则一味"自然"就会变得"不得体"。

(三)播音主持个体心理语境

1. 感知觉及其规律

对播音员和主持人来说,播音中的感受不同于一般的感知觉,它是由语言符号引起的视觉、听觉、味觉、嗅觉、触觉、空间知觉、时间知觉、运动知觉等,并不是实物刺激引起的。

从这种意义上说,播音中的感受是虚无缥缈的,但它又不是凭空出现的,而是由稿件中的语言文字对应的各种感知觉的内心体验构成的,它可以调动、激发播音主持人员全部的外在感受和内在感受,使得播音主持人员达到"感之于外,体验于心"的境界。

形象感受是真实存在的,各个播音员可以通过对文字语言描绘的事物进行清晰地感官感知将其捕捉,进而产生初步能动的体验。处于播音感受的触及阶段时,播音员主持人可以体会到文字语言勾勒的客观世界,也可以发现语言序列内含的逻辑,这被称为播音中的逻辑感受。逻辑感受分为根据语言序列产生的并列感、递进感、转折感、主次感、因果感、对比感等多方面的感受。播音创作主体把由稿件、话题和节目产生的各种形象感受和逻辑感受融合,进而把稿件语言作为一种有机整体清晰地表达出来。

进行播音工作时,播音员、主持人不仅要体验作者的思想意图,言之有物,还要考虑广大听众的心理状态、切实需求、情绪期望以及自身因此产生的各种思想情感。在进行口语独白时,播音者要假想对象是真实存在的,并对其会做出的反应进行捕捉,以免自顾自地传播,广大听众也乐于接收有内涵的独白性口语;在进行口语对话时,常常会出现两个及以上数量的人进行交流,或者与来电听众进行交流,此时的播音员主持人必须做到与其他播音员主持人默契配合,并及时领悟听众表达的真实意图,从而营造良好的交流氛围,并与其他播音员主持人或听众进行互动,切忌自说自话、忽略旁人,要与其他播音员支持人或听众围绕同一话题展开交流,提升整体传播效果。

2. 情感体验

在日常生活中,我们总会有不同的情感体验。这些情感体验又有不同的种类，我国传统文化里讲究"七情"，即喜、怒、哀、惧、爱、恶、欲；在西方心理学中，最原始的情感体验包括快乐、悲哀、愤怒、恐惧。这些情感体验或舒畅，或苦闷，给人的感觉不同。

情感体验在一定程度上具有可传递性，一个人的悲伤与快乐常常会引发身边人的相似体验；情感体验又是行为的内在驱动力，它可以引发人们实施某种行为，可以在一定程度上加强或削弱某种行为的效果。比如说，当对一件事物产生热爱与厌恶两种不同的情感体验时，会产生接近或远离该事物的不同行为；同样，当怀着热爱与厌恶两种不同的心情去学习一种技能时，即使是由相同的老师教授，效果也会大相径庭。

因此，当需要动员人们做一些事时，常常需要使用"情感激励"的手段。我国古代的辩士在进行游说时，总是强调"晓之以理，动之以情"。西方传播学理论在研究态度的说服与改变时，也十分强调情感调动和引导的作用。播音员主持人作为社会大众传媒中的一分子，是传媒直接面向受众的最终环节。大众传媒要完成舆论导向的任务，播音员主持人不可避免地要运用"以情动人"的说服技巧。从传媒舆论导向功能的角度来讲，情感说服技巧的运用质量决定着播音员主持人的工作效果。

当然，运用有声语言进行情感说服并不是简单、单一的技巧就可以完成的，从整体效果的角度来讲，其中会涉及内心的情感状态和外在的表达状态。这里先介绍"以情动人"的首要条件：播音员主持人要想感动受众，首先需要内心产生相应的情感。这种情感并不是矫揉造作，而是真实自然地形成于内心的。何谓真实自然呢？一方面，情感体验并不是主观臆造的，而是自内心油然而生的。另一方面，内心的情感体验会随着稿件或节目内容的进程不断发展变化，就像水流一样，随着稿件和节目内容构建的"地形"蜿蜒流动，或迂回，或直接，将喜怒哀乐贯穿在一起。

3. 注意

注意指的是将心理活动集中于或指向某一特定对象，其特征包括指向性和集中性。前者指的是忽略其他对象，通过心理活动选择性地将某一特定对象反映出来；后者指的是排除心理活动之外的其他所有事物，并削弱其余活动的影响，使得心理活动以某种强度或紧张度停留于某一特定对象上，以保证注意的对象能得到比较鲜明和清晰的反映。

注意这种心理过程并不独立，它的出现往往将感觉、知觉、思维、记忆、想象、意志、情感等心理过程"带"出来。当我们注意某个对象时，实际上就是在注意听、注意看、注意想，或者说是在感知着什么、记忆着什么、思考着什么或者想象着什么等，注意必然伴随听、看、想等心理过程，不能单独存在。当然，一切心理活动的发生都离不开注意。

注意对于播音员、主持人来说，同样具有特殊的重要意义。因为播音员、主持人在话筒前、镜头前的工作是需要全神贯注、注意力高度集中的。不能做到这一点，必然会在有声语言表达过程中不同程度、不同形式地出现言不由衷、言不及义、口是心非、词不达意等注意力不集中的现象，从而影响播出，削弱传播效果。因此，播音员、主持人从投身这一职业开始，就要努力养成良好的集中注意力的习惯，保证在进入播音室后，能把全部的精力集中到播出内容上，保证在播出的每时每刻都能做到注意力集中，以提高播出效果。同时还要努力锻炼自己排除干扰的能力，尤其是在演播室或新闻现场直播时，更要排除来自各方面的干扰，集中注意力，保证直播的顺利完成。

第二节　播音主持语言表达内部技巧

一、情景再现

（一）情景再现的概念

在《现代汉语词典》中，"情景"的解释是：（具体场合的）情形；景象。"再现"的解释是：（过去的事情）再次出现。

《实用播音教程（第2册）——语言表达》将"情景再现"定义为"在符合稿件需要的前提下，以稿件提供的材料为原型，使稿件中的人物、事件、场面、景物、情绪……在播音员脑海里不断浮现，形成连续活动的画面，并不断引发相应的态度、感情，这个过程就是情景再现。"

"情景再现"指的是播音员主持人通过迅速调动情感的手段，将稿件以准确、生动的形式呈现给广大听众。这种方法最早出现于纪录片里,后来在整个电视节目领域慢慢被普及开来。运用这种方法,播音员主持人可以根据稿件上的文字语言发挥想象力,在大脑中呈现出包括稿件涉及的人物、事件、情节、场面在内的抽象画面,当量足够大时,各个画面像动画一样进行连接并"动起来",播音员本身也会产生某些态度和情感上的共鸣,进而通过语言将其呈现出来。

"情景再现"常常被用于播音员在播音创作过程中调动思想、情感,使之保持在同一运动状态中,这种方法也是一种具备播音特征的术语,包括感受、想象、表达三个重要组成部分。换句话讲,播音员主持人要以获得感受力、想象力、表达力为目标,不断磨炼利用情景再现方法表达有声语言的技巧。情景再现要求播音员具备一定的播音能力,也要求播音员与广大听众之间形成默契的配合,并产生共鸣的效果。在具体播报时,播音员可以对语速、声调、情感进行调节,以提升整体的播音效果;播音员也可以积极与听众进行互动,让听众切实产生亲近感,从而可以边收听或收看节目,边想象出形象的画面。

(二)情景再现的产生过程

1. 准备过程

在"情景再现"的准备过程中,播音支持人要从稿件本身出发,根据其内容发挥想象力并调节自身情绪,对其进行准备处理。

第一,播音主持人员要划分稿件材料内容对应的层次,掌握不同层次材料描述的事件、人物的全部过程,围绕稿件重点全面、深入地把握整体内容,并在脑海中构建与之相对应的清晰脉络。

第二,记住稿件材料的内容并发挥想象力,在思考其对应情感的前提下掌握稿件核心内容,并按照上下文和稿件的主旨选择合适的场景,将脑海中产生的画面按顺序进行排列、组合,从而保证自己能够随时以看待影视作品的眼光审视整个稿件。举例来说,如果稿件叙述的是山,那么播音员就要想象出山的此起彼伏、鬼斧神工,抑或巍峨耸立、婀娜多姿;如果稿件描写的是一位老人,那么播音员就要想象老人是神采奕奕、老当益壮或黄昏迟暮、病入膏肓的形象。只要做到及时想象,表达稿件时的情感也就容易把控。

第三,播音员主持人要就自己设想的情境出发,思考并把握听众即将接收到的情感体验。可以把自己当作稿件内容中事件的主人公,自己参与了整个事件过程,这种情况下会产生何种情感和想法,播音员主持人都要敏锐发掘出来,从而增强播音创作的真实感、现场感,让广大听众产生情感共鸣。

2. 传递过程

对于播音主持而言,应用"情景再现"的方法,是为了提高节目的整体情感效果和节目在表现力、感染力方面的整体水平。这就需要播音员主持人以灵魂运用"情景再现"的方法,这样才能让广大听众领略更为真实的情感、情绪和情境。仅仅在播音准备阶段运用"情景再现"的做法,会造成产生的情感仅仅为播音员主持人本身服务,听众接收到的播音语言仍然是索然无味的。所以,"情景再现"要有一定的传递过程。在传递过程中,播音员主持人要将自己的所思所感通过声音为观众生动、立体地呈现出来。一方面,播音员主持人要保证对稿件内容产生深入理解和想象;另一方面,播音员主持人要运用自己的表达技巧和表现技巧,完成向观众的内容传递,进而实现"自知"到"他知"的转变。

上述两种过程之间既存在密切联系,又存在诸多区别。传递过程是以准备过程为基础而进行的,播音员主持人在准备过程用大脑展开想象、完成各种情感的创造,是为了方便情感在传递过程能够更容易被表达出来。播音员主持人可以在准备稿件工作时多通读几遍稿件,加深领悟,此时发挥想象力是很好的手段;在传递过程,一定要连贯、清晰地把稿件内容表达出来,一定不能让听众在收听过程中感觉到杂乱无章、混乱模糊。为了实现"情景再现"的完整表达和流畅表述,播音员主持人要按照稿件内容的层次进行步骤清晰的安排。

(三)情景再现过程应该注意的问题

稿件内容对应的情景,是作者对生活素材的提炼与创造成果,这是一种生活再现,有声语言的创作是一种二度创作,需要把文本中的情景再次显现出来,我们也可以把这个过程视作播音员主持人对自身生活的再现,在这个过程中,他们的思想感情始终都是运动的。对于情景再现过程而言,我们要注意下面三种问题。

第一种,注意运用情景再现的目的。播音员主持人要围绕播讲目的展开播音工作,不能为了再现情景而再现情景。在运用"情景再现"的方法时,一切都要服从、服务于稿件,为完成播讲目的服务,该详则详,该略则略。在不关心实际状况,一有机会就进行"情景再现",甚至让整个播音过程变为"情景再现"的展示过程的情况下,主持就变成了技巧的展示,这是不利于创作的一种行为。

第二种，注意为情景再现提供依据。稿件就是情景再现的依据，而情景再现就是播音员主持人对稿件进行认真分析、深入理解的成果之一，它需要播音员主持人对稿件内容注入情感理解。播音员主持人依据稿件在脑海中进行的再造想象，只能受稿件的制约，而不能借稿件展开天马行空般的想象。尤其不能出现为了让稿件生动化，为了让稿件内容"活"起来，就在稿件出现提示的内容处"疯狂"渲染，这种做法会让播音内容变得过分虚假，进而脱离稿件的精神实质。对于稿件的主要情景，播音员主持人在播讲时要灵活运用自身的亲身经历、直接经验或间接经验对之加以补充和丰富。优秀的情景再现必然是以真实感受为存在基础的，而这里的"感受"指的是将稿件中的文字语言转变为自己想要表达的话语，是感受把文字稿件化为播音员主持人内心的事物，是感受催动播音员主持人的内心主动接受、容纳、消化文字稿件的多层次刺激。感受是关键，是由理解到表达的桥梁。忽略感受的做法只能让自己再现出来的情景变得苍白无力、毫无真实性可言，听众也无法有真实、饱满的体验，整体播音效果也就会大打折扣。

第三种，情景再现的运用。在准备稿件这个环节，无论是对稿件的深刻理解、具体感受，还是播音目的的把握和对播音情感的提升，都涉及情景再现的运用。例如，我们可以在稿件中寻找一些精彩的语句，以其为基础进行情景再现，在再现过程中，我们的脑海中会自然而然地出现相应的印象和画面。运用话筒进行播音时，我们只需要将上述印象和画面回想起来，就能保证实现顺畅的播音过程，思想情感也会运动起来。值得注意的是，不必把所有备稿时产生的情景再现过程重复呈现出来。我们的情景再现，由语言引发，还要浓缩到语言中去，不能想老半天播一句或播一句想半天，因为这会使思想感情运动线中断，或游离于目的贯穿线之外，或停滞于某一情景之内，导致受众难以接受。

（四）情景再现训练

1. 以传递主线情感为主

当拿到稿件时，播音员就要开始对稿件内容进行调整，并进行准备工作，以此来保证自己对稿件有全面、深入的了解和大致把握。随着准备工作的深入，播音员要厘清稿件内容中故事的情节以及什么地方需要详细讲、什么地方需要粗略带过。一个优秀的播音员，可以整体地把握稿件内容，并尽量将内容精简化，并通过合理的方法，结合自身的实际情况对重点内容加以灵活分析和处理。播音主持人同时也是媒体人，不能主观地去判断内容，而是要深刻参悟稿件文字背后蕴含的情感和精神。在具体的播讲过程中，播音员主持人要学会协调相关影响因素，打破情景的束缚，从而引导听众继续收听，而这对于播音员主持人而言是对其专业能力和素养的要求。良好的专业素养是每一位优秀播音员主持人所必备的，而这类播音员主持人也可以对听众关注的点了然于胸，并时刻铭记自己要为广大听众带来良好情感体验的任务。

2. 提升对重难点的突破能力

"情景再现"要求以稿件的内容出发，通过合理想象进行再创造，对于播音员支持人的想象力要求、和经验丰富程度、情感积累量乃至对情景细节的描绘能力和补充能力都有一定的要求。分析稿件内容时，播音员主持人要提升对重点和难点的突破能力，做到对重难点掌握和突破，情感体验才会足够真实。此外，通过详略得当的方式对稿件内容加以编排，能够提升播音员主持人对稿件的理解程度，播音员主持人也会将其与自身的生活经历加以联系，所创造的播音语言也就更具接受度，节目效果整体水平也会有所提高。

3. 突出画面感

在进行"情景再现"的过程中，播音员不仅要有条理地分析稿件内容，还要以其为基础在脑海中创造相应的动态画面，突出稿件内容的画面感。生动形象的画面是具备张力的，它也可以有效避免播音员在播音过程中出现发呆、中止的情况。在运用"情景再现方法"对稿件进行描述之外，播音员还要清楚地掌握稿件的目的，并根据其目的展开画面、情景的联想。让广大听众收获情感体验的前提是播音主持人首先对稿件内容产生情感体验，但进行联想时一定要始终以稿件内容为中心，以解决稿件提出的任务为目标展开联想，并且要提升所联想出的画面的整体水平。

二、内在语

（一）对内在语的理解

1. 播音主持内在语的解释

我们所说的内在语，指的是原稿件内容中没有明确展现但要求我们在进行播音过程中为广大听众表达出来，使听众对播音语言产生进一步理解的语句关系或语句本质。这里的创作依据，既包括文字稿件，也包括腹稿、提纲和素材。创作依据没有完全或直接将内容表达详尽的原因有很多，有的是因为不方便，有的是因为不可以，也有的是因为没必要。

对有声语言进行表达时，不仅要做到将实体文稿表达出来，也要保证能在无文稿的情况下进行表达。很多时候，那些隐藏起来、需要挖掘的内在语对于稿件整体内容至关重要，部分内在语甚至直接影响着稿件的语句逻辑和语句实质。所以，在对创作依据进行表达时，我们要善于探索稿件的内在语，并用恰当的语句和声调传递给广大听众。

2.播音主持内在语的特点

（1）能够体现创作规律

播音主持内在语能够将创作规律体现出来，这是具备播音学特殊意义的。换句话说，合理驾驭内在语的应用方法能够让播音创作活动的规律浮现出来，并充当广播者和广大听众之间的沟通媒介，如果没有内在语的存在，这种沟通媒介也就无法建立起来。此外，播音有声语言创作具备很高的技巧性。按照相关理论的描述，播音的内在语存在某种播音内涵，但这种内涵和播音创作出的语言之间并无任何联系，也无法达成共识。由此可知，内在语言无法直接或间接表露的播音语言是不存在的。

（2）能够赋予更深层次的含义

播音主持内在语还具备能够赋予播音主持工作更深层次含义的功能。内在语能够将话语的真实含义表达出来，收听到这种内在语的听众可以发掘其内在的预设逻辑，这证明内在语拥有范围更广的语义表达含义。

（3）拥有特定的适用范围

运用内在语的前提是掌握其适用范围，脱离其适用范围是无法发挥内在语的真实价值的。根据一些对播音内在语进行界定的书籍所说，界定内在语的适用范围的标准是播音文稿存在的"语句关系"和其各个语句对应的"语句本质"。在播音文稿中，词、词组、短语、句子、段落甚至整篇文稿都可以被视作语言单位，但每种单位之间是有矛盾关系的，因为不同单位对应的关系和概念并不兼容。在这种情况下，运用内在语时要先选择某一关系和概念，因为脱离了特定的关系和概念，内在语的效果就无法被完美地发挥出来。

（二）内在语的分类

1. 提示性内在语

提示性内在语用于节目、篇章之前或段落、层次、语句之间，有利于语言链条的承接，也能帮助相关工作人员自然而然地提出话题，能更加精准地把握所表达语句内含的逻辑，还能帮助相关工作人员完成上下句对应的语气的过渡，并与广大观众形成良性互动。提示性内在语主要有以下几种作用。

（1）引发开头话语

在话语的开头利用好提示性内在语，容易使播音员一开始就进入良好的创作状态，找到亲切、自然、贴切的语气，赢得受众的好感和认同，为进一步的交流奠定良好的基础。

（2）加强逻辑关联

通过挖掘这种提示性内在语，使播音员获得并列、递进、因果、转折、分合、假设等逻辑感受，使复杂的逻辑链条了然于胸。在播读时，通过提示，使逻辑感受更加具体、准确，前后句、上下文语言链条的衔接更加自然、顺畅和符合逻辑，同时也有助于我们获得色彩鲜明、分寸恰当的表达语气。

在一些评论性、论说性的文字稿件中，提示性内在语揭示语言链条的作用显得更为重要。这类文字稿件以理服人，论说性强，以鲜明的观点和严密的逻辑力量影响受众。而那些表现逻辑关联的提示性内在语，就是展示语句逻辑关系最重要、最有效的手段。尤其是对稿件中那些关系复杂而又省略了关联词的多重复句，更见功效。

（3）设问呼应衔接

在文字中，语句间总会有一些常常会出现语句前后转换不自然、上下语气不好过渡的情况，这时可以加入一些具有与下句自然贴合语气的提示性内在语，使得行文更加流畅。尤其在一些文学性较强的作品中，文字跳跃灵动，需要改变语句层次但又不易完成，还需要将有声语言动作化、形象化，使状物抒情更具色彩和感染力，这样一来广大听众更愿意对内容产生注意力，并进行思考，这也正是提醒性内在语具备的衔接、过渡、铺垫、转换等多种作用的体现。要提高语气在恰当、自然、亲切等方面的水平，从而把稿件播得文气贯通，衔接转换自然，形成一气呵成、浑然一体的效果,增强有声语言的表现力。

(4)展示情态过程

提示性内在语还可以用来展示判断或动作的过程,使语气生动形象,富于动感,还有助于调动受众的想象,增强语言的感染力。在表现人物复杂的心理活动的时候,在塑造特定情境下的人物语言的时候,在需要表现某种特定感情色彩的时候,我们可在该句之前加一个相应的提示性内在语,来提示创作者用恰当的语气表现人物当时的心理状态。

总之,提示性内在语是激活我们语气的一个重要方法,它以形式的灵活多样、内容的丰富多彩为我们创作思维的发挥和创作个性的施展提供了广阔的空间。

2. 寓意性内在语

寓意性内在语就是我们平常所说的"话里有话"的话、"弦外之音"的音,具体指的是语句背后的深层内在含义,它也是一种语句本质和语句目的,需要我们结合上下文的语言氛围进行深入挖掘。寓意性内在语主要有以下几种作用。

①另有他意,含蓄深刻。

②一语双关,意味深长。

在我们的语言中,有一种经常用到的修辞手法,叫双关。双关语是一种独具魅力的寓意性内在语。在一定的语言环境中,利用词的多义和同音的条件,有意使语句具有双重意义,言在此而意在彼,可使语言表达得含蓄、幽默、意味深长,给人以深刻印象。

3. 反语性内在语

反语性内在语直接体现了语句表层意义与语句本质意义的对立关系,需要我们在上下文语言环境中仔细把握。同时,蕴含反语性内在语的词语多为语句重音,在表达时要着重显现。反语性内在语主要有以下几种作用。

(1)反话正说,酣畅淋漓

我们使用反语,一般多用来表达讽刺、批判的态度情感,反话正说,嬉笑怒骂,入木三分,酣畅淋漓。

(2)正话反说,温馨含蓄

在语言表达中,说反话也经常用来表达亲密无间的态度情感。正话反说,温馨含蓄，很能表现生活情趣。

（3）风趣诙谐，营造气氛

说反话也可以用来表达轻松喜悦的态度情感，风趣诙谐，营造欢乐气氛。

4.回味性内在语

那些只可意会无法言传的含义，更多是用来激发我们想象和感悟的内在寓意，我们把它们归为另一类，叫作回味性内在语。回味性内在语一般出现在段落、层次和文章结尾处居多。一次语言表达创作完成，不管是漾开缓收，还是戛然而止，都要让人感到"语已尽，而情尚存"或"言有尽而意无穷"。回味性内在语大体上有以下几种作用。

（1）虚实相生，营造意境

意境是中国传统美学思想的重要范畴之一，意境的结构特征是虚实相生。它由两部分组成：一部分是"如在眼前"的"实境"；一部分是"见于言外"的"虚境"。

我们在表达时，要通过对"如在眼前"的"实境"的表达，去体味"见于言外"的"虚境"，并通过对回味性内在语的提炼，努力感受意境所呈现的那种情景交融、虚实相生的形象系统，努力进入其所诱发和开拓的审美想象空间，从而引导我们寻求最恰切的有声语言呈现。

（2）反问强调，深化交流

在有些稿件、节目的结尾，加一反问式的回味性内在语，诸如"您说对吗，听众朋友？""您同意我的观点吗？""您听懂了吗，听众朋友？"实际上是对前句语意或全篇结论的肯定与强调，同时，也包含引申、指向和推送前句句尾语势色彩的功能，能够让沟通双方更加深入地进行交流。

（三）内在语的把握与运用

1.准确运用备稿

每一位播音员主持人在表达有声语言时，首要任务就是备稿。在拿到稿件时，播音员主持人不应直接开始播读，要先对稿件的内容脉络进行大致把握，需要理清稿件内容对应的写作背景、创作目标、主旨思想，带着这些内容进行有声语言表达，整个过程会更为顺畅。此外，播音员主持人在迅速捕捉稿件内容重点的同时，还要将其基调语气、"内在语"全部明确出来，这也从侧面反映出播音主持所要求的艺术性特征。有声语言和副语言是播音员主持人与广大听众的沟通桥梁，想要完成上述要求，就要在备稿时仔细、有条理地分析稿件，从而酝酿合适的情绪和适应稿件内容的态度，让感受力、表现力等方面的水平得到提升。

2. 语言把握

情景再现要求以稿件为基础，加以适当的想象力和联想力，进而产生与稿件内容相匹配的画面，以此引发特定的态度和情感。在整个过程中，播音员需要着眼于自身，将自己带入到稿件内容描绘的故事中，并置身于特定的场景里，或一望无垠，或汹涌澎湃，或静谧如水，然后调动视觉、听觉、嗅觉等多种感官，去感悟特定思维和内心状态的游动变化，让自己设身处地地去感悟。情景再现主要要求两方面：一方面，要通过语言描绘出现场感十足的画面；另一方面，从全局出发，根据某些语句、某些字词明确其中的逻辑条理。这两方面都要求播音员主持人有一定的情感积累量和储备量。运用情景再现技巧，播音员主持人更能便捷地发现"内在语"，进而牢牢把握内心深处的感受。在进行体会情景再现的相关训练时，散文片段是很好的入手点，以此为基础发挥想象力，散文中字里行间的情感和体验自然很容易浮现出来。无论是人物的动态表现或静态表现，还是人物的心理活动，都服务于新闻性稿件的整体内容，这也是播音员主持人对稿件语言把握的目标。

3. 形象把握

对于播音员来说，找准"内在语"、掌握广大听众的需求特征是开展播音工作的基础，而把握对象感的形象则是其中的重要技巧。就实际情况看，部分从业年龄尚浅的播音员主持人并不重视"内在语"和对象感，其在实现从内部技巧衔接到外部技巧对象感的切换时尤为困难，也不具备明确的播音目标，不去了解广大听众的收听需求。这种情况下播出的有声语言是很"散"的，播音员主持人与听众之间也不存在有效互动，整个播音过程毫无艺术感可言。而经验丰富的播音员主持人比较善于根据文字符号展开互动，进而提升信息传递的整体效果，他们也会通过眼神的交流或富含情感变化的面部表情对无法完全表达含义的有声语言进行妥善处理。播音员主持人是否具备足够的创作热情，将直接影响有声语言的整体质量。充满创作激情的有声语言能够刺激广大听众的大脑，让他们对接收的信息产生一定的认识和反馈。所以，播音技巧是播音员主持人从业的必备要素，要通过提升形象把握的能力来提高对稿件内容和"内在语"的发掘效果，并时刻保持清晰的播音条理。

（四）内在语的训练

1. 注重明确语意

在播音员支持人处理内在语时，注重明确语意是有效措施也是必要前提。播音内在语无法代表语句的表层含义，而在明确语意的情况下，所发掘出的内在语能够帮助广大听众明确内在语的真实含义，播音员主持人也能够提升内在语的应用效果。此外，在注重明确语意时，播音员主持人需要牢记的是，内在语和歧义是两种互不关联的概念，随意将内在语和歧义进行互相替换的做法是错误的，采取这种做法的播音创作不会收获预期效果。

2. 表达合理到位

想要保证播音主持工作过程中的内在语实现表达合理到位的目标，就要精准掌握稿件的主旨思想，只有做到这一点，播音主持内容的核心主题才会通过内在语完美地呈现出来。此外，内在语的表达合理到位还要求播音员主持人发掘内在语的内在含义与外在含义之间的语义关系，并以此为基础进行深度思考，从而保证自己能够更加熟练、更加准确地运用内在语相关技巧，进而提升把握内在语的整体效率和能力水平。

3. 体现良好态度

在播音主持工作中，体现良好态度是处理内在语的关键。体现良好态度指的是所有表达出的有声语言都体现着播音员主持人对播音工作的态度，而工作态度是衡量一个播音员主持人工作价值的有效标准。当然，播音员主持人在运用内在语进行播音创作时也要时刻秉持这一理念。拥有良好的工作态度和优秀的价值倾向是灵活运用内在语的关键途径，也是播音主持工作能够呈现丰富情感的基础。此外，需要注意的是，播音主持的语调会影响有声语言的表达和存在效果，也就是说，语调可以对建构言语实际含义发挥辅助作用，它不是播音主持创作有声语言时的"赠送品"，它能帮助播音员主持人将稿件语句的"弦外之音"表达出来，也会提高播音员主持人创作的内在语的可靠水平和准确度。

三、对象感

(一)对象感的定义和特点

1. 对象感的定义

对于对象感,张颂在《播音创作基础》一书中有如下定义:"对象感就是播音员主持人必须设想和感觉到对象的存在和对象的反应,必须从感觉上意识到受众的心理、要求、愿望、情绪等,并由此调动自己的思想情感,使之处于运动状态"[①]。由此可知,对于播音主持创作而言,播音主持对象感非常重要,能够有效提升播音主持传播活动的最终效果。

我们可以将对象感理解为播音员主持人在开始播音创作前假想出抽象对象的感觉。产生这种对象后,播音员主持人在播音过程中会明显感觉到它的存在,也会产生与之对应的心理想法。想要让自己具备对象感,就要从广大听众的心理需求出发,随时对自己的情感表达做出理性调控,让播音语言能够将真情实感呈现出来,进而促进自身与广大听众的互动感。这样一来,不仅可以帮助播音员主持人更加顺利地完成播音任务,也能给予广大听众更加清晰的语言信息,实现信息的传递与沟通。现如今,以新媒体、自媒体为典型代表的多种媒体形式都处于飞速发展阶段,电台广播看上去已经不再具备往日的影响力。所以,播音员主持人更要提高对对象感的把控能力,让电台广播产生更大的影响力。

2. 播音主持对象感的特点

(1)对象设想的虚拟性

播音员主持人在被媒介大环境设定的前提之下,更直接的是被频道、栏目所设定。在这样的前提之下,播音员主持人要以节目内容为基础产生对象感。

由于受众在选择收听或收看哪一档节目时存在偶然性,因此播音员主持人不可能完全准确地设想出全部受众的特点。收看、收听同一节目内容的受众群体会具有一些共同的特征。在这样的情况下,播音员主持人仍能通过日常经验和各种调查数据的总结,设想节目的受众群是哪些人,他们的特点是什么,他们的心理、素养、愿望、情绪,以及收听、收看习惯是什么样的,以此类推。不过,由于这种特定的想象是一种建立在数据和经验基础上的归纳想象,只是一个受众群体可

---

① 张颂. 播音创作基础 [M]. 北京:北京广播学院出版社,2013.

能存在的共同特征，而不是某一个具体的受众的真实特征，因而对象设想是具有虚拟性的。

(2) 对象存在的真实性

尽管对象设想是虚拟的，但在我们进行播音主持工作时，作为对象的受众又是真实存在的。不管我们通过什么样的渠道或者用什么样的方式对我们的受众进行设想，他们是鲜活的个体，都是真实存在的。虽然我们在演播室中没有办法感知此时此刻听众是以什么样的心情、方式、行为在接收我们所发出的信息，但是他们真实存在，这就是事实本身。由此可见，对象的真实性存在，是我们获取对象感的客观依据。

(3) 对象感获取的可行性

一般来说，对象感的获取首先来源于对受众对象的了解。只有了解对象的特点，才能进一步去设想具有这些特点的对象，包括他们的心理状态和需求、他们在获得信息后的反应等。因此，只要能够获得有关对象特点的相关信息，对象感的设想就能够较为准确地获得。

在广播电视不够发达的年代，老一辈的播音员主持人获取对象感，主要是通过经验，以听众、观众来信等简单的信息反馈作为依据。即便在这样的条件之下，我们的前辈仍获得了空前的成功，他们的播音水平达到了后人难以超越的高度。

随着广播电视技术的发展，特别是互联网的发展，我们了解对象的手段和方式发生了革命性的变化。尤其是统计学在收听率、收视率调查方面发挥着越来越大的作用，同时新媒体的深刻介入使我们对对象的了解变得更加便捷。由于统计学调查都是通过严谨的方法直接从节目受众那里获得数据，相对于以前的信件、电话等受众反馈途径，其覆盖面更广；相对于播音员主持人主观经验的判断，资料更加准确。这使得我们对受众的了解和对象感的获取会变得更科学。

(4) 对象感设计的具体性

在根据对象展开设想时，播音员主持人要保证设想的具体性，通过发散思维的方式在脑海中产生生动、具体的任务，而不能仅仅局限于年龄、爱好、需要等抽象化的文字。如此才能有针对性地产生对象感，播音员主持人才可以让节目效果变得更加生动、形象，同时使播音员主持人说起话来更像是在进行人际交流。

（5）对象感使用的情感性

播音员主持人有了具体的对象设想，实际上在这一刻也就决定了我们和他们之间似乎有了某种情感的交集——我们播报的内容是他们需要的，我们解读的事实是能和他们产生共鸣的，我们所释放的娱乐精神是和他们共生的，等等。实际上，就是我们的情感通过媒体介质同受众产生了共振，这种共振是以情感为纽带的。播音员主持人看不到受众，但是受众可以看到我们，并且感受得到我们的用心。

（6）对象感生发的互动性

在播音主持工作中，对象感并不是播音员主持人仅仅想到具体受众的存在就可以的。之所以要设想对象感，是为了刺激播音员主持人产生语言表达的冲动，指明信息传播的方向，并依此设计和调整语言表达中的情感。在这一过程中，播音员主持人必须设想受众在获得信息后的各种反应，并根据这些反应调节自身表达的内容和情感，推动信息的进一步传递。实际上，播音作品的创作过程就是播音员主持人与脑海中设想的对象进行一种相互的交流，并通过这一手段与真实受众形成某种现实交际中心理互动的效果。

（7）对象感运行的稳定性

大环境是一定的，频道是一定的，具体的节目单元是一定的，可能收听、收看的基本群体也是一定的，在这种情况下，播音员主持人要保证整个节目播出的过程中，对象感时刻处于某种稳定状态。可以想象一下，如果在节目进行的过程中播音员主持人的播讲状态忽东忽西、忽左忽右，最终节目呈现出来的效果会是什么样子。因此，对象感在整个节目的运行过程中，在播音员主持人的脑海中，应该保持相对的稳定。

在这里我们只是罗列了对象感特点的最主要内容，使大家在学习的过程中能够通过这些特点认识到对象感理论的重要性，尤其是其在指导我们播音主持实践过程中的作用。由于大多数同学没有播音主持的实践经验，因此，"对象感"理论的掌握一定是"理论—实践—再理论—再实践"的过程。

（二）对传播对象的设想与分析

第一，播音主持传播活动中的传播对象有别于实际生活中的交流对象。在实际生活中的交流双方，说话一方常常都是在私人传播范围内有目的明确地叙述某一事情，交流双方也都是真实存在的。然而，播音主持在传播时属于大众传播范围，因为其传播受众是广大听众，同时这种活动也是以人际关系中的显示对象为交流对象的，这也决定了播音主持对象感集中反映着旁观者对象的全部意识这一特征。在广大听众看来，播音员主持人在进行播音创作时，具备在场者位置的事件构成因素这一特点，也就是说，播音员主持人边进行播音，边以事件经历者的身份推动事件本身的发展，他所对应的"交流对象"是存在于事件情景中的真实的"人"。在播音节目进行过程中，比起广大听众的收听体验，播音员主持人会更加侧重故事的亲历感，这就导致在听众眼里，播音员主持人更像是组成节目的要素。在广大听众看来，如果播音员主持人做出对听众感受表述的举动，那么他的身份就由事件的亲历者转变为事件的旁观者，这时他们发挥的作用是构建节目与听众之间的连接枢纽。在这种情况下，播音员主持人和节目本身会产生距离感，事件的整体面貌被完整呈现出来的可能性得到提升，播音员主持人会更易于观照节目、审视节目、把握节目，把具体节目传递给听众时也就更为顺畅。

第二，对于主体给予对象内容而言，两种传播活动具备不同的选择标准。传播活动所指向的受众规模很大，传播活动和话题拥有外在的公开性特征和话题选择标准，这些事实使得播音主持传播活动与生活化的人际交流活动相比，具备旁观者视角及其相关运用的独特特征。存在于实际生活中的人际交流是范围较小的、性质隐私化的，而播音主持传播活动是以实际生活中的交流活动为基础，通过广播、电视、网络等信息手段将交流放大、强化、提升。从本质上看，播音主持传播活动具备大众传播的特征。在播音主持工作中，播音员主持人负责与广大听众交流，并引导他们提升对节目的注意力。此外，播音员主持人在参与节目的全部进程时，必须站在宏观角度对节目全盘加以把握，这时他们的视角就是旁观者视角。通常情况下，播音主持的失败往往由于播音员主持人偏离了自己的任务，而沉浸在自以为兼具吸引力和卖点的某种情景中，广大听众无法获得参与体验，也无法收获符合自身切实需要的内容。

（三）对象感的获得与应用

1. 对象感的获得

在了解和设想受众对象的特点后，播音员主持人就要调动内心的感受，寻找和获得对象感，这一过程既是简单的又是困难的。简单的是，了解了受众对象的各种特点后,便很容易在心理上构建起一幅对象的图景,甚至可以"精细"地设想出对象的长相和表情。但同时,如果仅仅构建起这样一幅图景,并不能说明播音员找到了对象感,真正的对象感并不只是一幅关于对象的图景。

那么,对象感到底应该是一种怎样的感觉呢?在日常生活中,我们都有给人打电话,或者躺在宿舍的床上与舍友彻夜长谈的经历。在这两种情境中,我们都没有直接看到交流对象,但是在我们的脑海里,我们会想到他们在听,会清晰地感知到他们的反应,这时的感觉和播音主持中所强调的对象感十分相似。

寻找和保持对象感是播音主持工作中的一个重点,也是难点。获得对象感的一种途径是:在构建起受众对象的图景后,不要总是将注意力集中在对象的"形象"上,而要将注意力集中在语言的指向上,即"在对谁说",实际上,这样的意识就是对象感的引线。获得对象感的另外一种途径是:生活中具体感受的积累。当我们打电话,或者是在宿舍与舍友夜谈的时候,可以有意识地感受一下当时所有感官和心理上的体验。尽管看不到交流对象,但我们当时的心理状态和思维指向其实都集中于他们。

2. 对象感的应用

对象感是播音员主持人通过电子传媒进行信息传播过程中,自觉引发播讲愿望的重要手段之一,可以说是其独有的特征。对象感运用的好坏,对播音员主持人作用最为明显,因为只有播音员主持人在电子传播中是最具活力、最有能动性的因素,如果对此问题掌握得好会使传播效果最大化。

播音员主持人在进行播音主持创作时,要秉持"有稿时,字字句句都要讲究'目的地'和'归宿';无稿时,言谈话语都要追求'落脚点'和'目标'。所谓'及于受众',就是'由己达人''及于耳际''达于脑际''化入心田'"①。

(1) 内化的应用

在充分了解栏目、稿件、主持词的前提之下,对象的设想和对象感的获取,无疑对播音员主持人在头脑和内心之中树立准确的受众形象,并使之产生巨大的能量具有非常重大的作用。比如说,当设想我们的交流对象是一群天真无邪的小孩时,自然就会产生一种童真之情;当设想我们的交流对象是同龄人时,自然就会产生一种同代人之间的亲切感;当设想交流对象是一群老人时,自然就会产生

---

① 张颂. 播音创作基础(第三版)[M]. 北京:中国传媒大学出版社,2011.

一种尊敬关怀的情感。因此，对象感可以在潜移默化中刺激播音员主持人产生与设想的交流对象相匹配的内心情感，避免出现不恰当的用语和态度。这便要求播音员主持人在未开口之前，某种程度上已经在心理和情感上与对象形成沟通。

（2）外化的应用

由于有对象感，因此在节目的整个运行过程中，一定会产生与对象关联的态度、语气、眼神、姿态等外化结果，这样的结果会使受众感到播音员主持人似乎在对"我"讲述，增强了节目的效果。比如说，当播音员主持人了解到对象具有强烈的好奇心、想知道事件的真相时，自然就会让自己的播讲更富神秘感、悬念感；当想要说服对象接受某种观点时，自然就会让语言听起来很严肃、很诚恳，甚至其中的各种细微之处，都会为对象讲解清楚；当了解到受众想听些有意思的事时，便会产生一种"抖包袱"的心理，将那些带有娱乐价值的信息进行有意识的铺垫，再突然地打开"包袱"，产生娱乐的效果……对象感是一种感觉上的引导，它不需要多么严谨的理性，只要构建了正确的对象，并激发出围绕这一对象的交流感，就会辅助我们完成对语言和情感表达的设计，这就是对象感外化的作用。

可以说，"对象感"是播音员主持人在学习和工作中绕不开的一个课题，如何能够掌握理论并且真正地运用于实践，将伴随播音员主持人的整个职业生涯。

（四）对象感的训练

首先，对节目内容加以分析，达到熟悉节目的效果。播音员主要负责新闻信息的播报工作，所以他们要在开始节目前对节目内容加以分析，达到熟悉节目的效果。但是实际情况中，我国的电台广播界经常出现"主持内容写什么就念什么"的现象，甚至有部分播音员在录制节目前完全不去分析事件的整个过程，在这种前提下创作出的有声语言只会导致广大听众无法对之产生共鸣，节目自然就没有令人满意的传播效果。所以，在录制节目前播音员对新闻信息对应的资料加以分析，充分熟悉其中的内容，进而熟悉整个节目的流程，对于新闻信息的播报而言至关重要。

其次，向节目投入自身的感情。在进行播音主持时，播音员主持人是无法直接与听众进行交流的，而听众所需要的是播音员主持人与其进行情感上、心理上的交流，进而产生共鸣，完成心声的交换，这就要求播音员主持人在录制节目前做到前文内容提到的"分析内容、熟悉节目"。为了进一步提高与听众之间进行的思想、情感、心理等方面互动的效果，播音员主持人要掌握向节目投入自身感情的能力，要将自己置身于稿件内容中，把其中设计的人物对象当作是真实存在的，进而发掘特定的心理变化、抒发特定的心理感受。对对象感进行把握要求播音员主持人切实地设想对象、感受对象的存在，完成这一目标的途径就是向节目投入足够的自身感情，让广大听众对之产生情感共鸣。

再次，与实际情况建立联系。播音员主持人想要在播音主持过程中把握对象感，将其与实际情况进行联系是必要措施。既然对象感的把握是播音员主持人设想对象存在的结果，那么能否天马行空地展开设想呢？答案是当然不能。根据对象进行设想的前提是播音员主持人清晰把握住自身工作，必须全局化地掌握自身工作对应的受众的真实需求。在明确播音主持工作主要面向群体这一事实后，播音员主持人才能更加顺利地完成播音任务。当然，播音员主持人要关注对象的存在方式，并构建其与实际情况的联系，这是完成播音工作的重要要求。

然后，保证工作路线和观点适应群众。播音主持工作面向的是包括中年群体、老年群体在内的大众群体，所以，在培养对象感时，播音员主持人要保证自己的工作路线和观点适应群众，特别是对于报道新闻事件时，这一点尤为重要。坚持群众路线、保证工作路线和观点适应群众不是某一项独立措施，而是前文描述的几条内容结合实施后的结果。群众通过广播电台接收信息，也可以将自己对事件的看法和观点通过广播电台表达出来，这也正是对象感的培养目的。

最后，提升自身的工作素养。播音员主持人的工作能力和职业素养直接影响着其对对象感的把握质量。对此，播音员主持人要将主观作用和客观作用都发挥出来。在进行播音主持工作时，播音员主持人要时刻铭记自己的工作能力会决定工作质量，并且时刻提醒自己提高个人工作素养。此外，为了让播音员主持人更好地完成工作，广播电台也要根据实际情况对其进行业务培训。可以考虑为播音员主持人开设播音讲座、培训班，以提高他们的工作能力、激发他们的工作积极性，从主观角度和客观角度出发，促进播音员主持人对对象感的掌控水准，进而提高他们的工作素养。

第三节　播音主持语言表达外部技巧

一、停连

（一）停连的概念

停连是指在有声语言的流动过程中，声音的中断和连接。停连包括两方面内容，一是在表述有声语言过程中，让声音中断、停止，这是停顿；一是除了声音中断、停顿之外的地方，包括在有标点符号的情况下不中断、不停止，这是连接。

为什么要有停连呢？作者写的文字稿件，不是从开头到结尾不加标点符号一气呵成的，需要在特定的地方加上特定标点符号，以表明句读、表达语气，进而抒发感受、表达特定思想观点。与此类似，播音员主持人也不能一下子不停顿地通过有声语言把稿件全部读完，全程毫无停顿，这种做法下的有声语言不符合生理、心理等方面的常理要求，广大听众也会不明所以。由此可知，停连是必须掌握的基础技巧。当然，这样说只是一种比喻，不能将停连与文字语言的标点符号完全等同起来。

大家知道，语言是人类所特有的用来表达思想、交流思想的工具，是一种特殊的社会现象。它由语音、词汇和语法构成一定的系统，一视同仁地为各个阶级服务。文字稿件的原作者是通过具备视觉功能的文字语言为读者建立故事人物形象的，在其创作过程中，稿件原作者必然会仔细斟酌句子、词汇、标点符号的使用，最终将其凝练为可以被读者接受的文字语言。换句话说，我们可以将文字作品视作体系稳定的语言实体。

有声语言与语言实体不同。有声语言是靠声音同受众的听觉记忆进行交流的，而听觉有一听而过，不便于记忆的局限性。因此，在创作过程中光有普通读者的理解和感受是不行的，要设定某些表达规律，使得播音员主持人能够有章可循、有法可依地创作有声语言，而"停连"正是其中的规律之一。

（二）停连的运用原则

1. 标点符号是参考

文字语言是按照一定的语流序列排列而成的，其中的标点符号能够帮助我们捋顺文意、理解内容，同时也是我们将文字语言转化为有声语言时进行断句和连接的提示。但是，文中的标点符号显示了文字语言的停连关系，而在有声语言转换过程中，分句与分句之间、段落与段落之间、层次与层次之间，都需要我们进行适合有声语言表达和倾听的处理及调整，因此停顿和连接才是有声语言的"标点符号"。我们需要建立起"适合听"的观念和意识，从有声语言表达的角度对文字语言进行再处理和转换，合理区分、有机连接，使其在听的过程中意思更鲜明、情感更到位。

2. 语法关系是基础

文字稿件是以具备规范语法的词句为基础，将特定的理解感受和与之相对的有声语言表达出来，组成稿件内容的每一句话都涉及语法的使用，不存在脱离语法的稿件语句系列和稿件词组系列，因为语法是有声语言创作的创作根基。事实上，每一个停连都是在语法关系允许的范围内进行的，一旦造成语法关系模糊、混乱，不管是什么原因都要加以调整。在播读文字稿件时，有的时候我们会因为停连不当而使语句产生歧义或表达出不该表达的意思。

3. 情感表达是根本

将文字稿件的内容、结构、语言等有声化，可以让人感受特定情意、明志自省，进而理解稿件内容中的主旨思想。停顿与连接的规划主要在于稿件内容的上下句文意和情感表述逻辑，这是掌握停连运用的根本。我们播读稿件时运用停连，是把停连作为表达全篇稿件的一个方法，而不是仅限于对单独的句子进行孤立、静止、局部的解剖，所以我们在播讲的准备及进行中，应该产生循序渐进、顺理成章、情真意切、心领神会的动感，让文字创作更具文意、文气和文势。无论从哪一个狭隘的方面去进行分析都是不正确的，对知识加以综合运用才是正确做法。

（三）停连的类型

第一类，区分性停连。所谓"区分"，指的是将文章中的不同语意部分区分开来，使得表达稿件时更为流畅，广大听众也能深刻理解其中含义。

第二类，呼应性停连。所谓"呼应"，指的是文章首尾呼应，也包括段落的首尾呼应，前后的内容具备很强的关联性。

第三类，并列性停连。并列性停连是以"顿号"为标志的最基础停连方式，只要出现顿号，就代表要运用停连。

第四类，分合性停连。分合性停连一般用于分合性句式上，有的句式是分开先说，然后再总起来说。这种句子的停连位置往往在分与合的交接处。

第五类，强调性停连。这种停连方式主要被应用于播讲人对感情和播讲重点的强调，停顿的地方是上述重点的前面或后面，会产生将重点突出的效果。

第六类，判断性停连。判断性停连对应思维过程，并要求在思维过程中产生特定感受。例如，为听众讲解某个事物的模样或将其清晰表述出来时，就需要运用判断性停连技巧。所以，当稿件中存在某些需要判断的表达时，我们就要在要求思索的地方加以判断性停连，这样一来相应的思维过程也就浮现了出来。

第七类，转换性停连。这种停连方式主要出现在不同意思之间的转换处。在转换时感情色彩要出来，感情色彩不够，就无法实现转换。转换性停连在处理稿件时还是比较常见的，无论是层次与层次之间、段落与段落之间，还是不同句子之间，都存在其出现的可能。

第八类，生理性停连。生理性停连不是指播讲人本身气息不够时而使用的停连，而是指稿件中的人物因生理上的需要产生的异态语气，如：上气不接下气、断断续续、口吃等状态。运用这种停连也需要有播音员的感情色彩做陪衬。

第九类，回味性停连，这种停连的核心是"回味"。在进行演播时，回味性停连要求不能出现一播而过的情况，要给广大听众以足够的回味空间。因此，要加深受众的印象，可以在感情运动的情况下运用回味性停连，那么在什么地方用呢？答案是有需要展开想象、引人深思的地方。回味性停连要求播音员主持人在需要强调的词句后给足时长，以进行停顿。

第十类，灵活性停连。灵活性停连是针对生搬硬套地运用停连而言的。因为，不同的人具备不同的文化修养和声音条件，所用的表达方法也互有差异，而不同技巧之间存在互相渗透、互相交叉的关系。所以，在运用停连时不能过于死板，不要纠结于某一处停顿、某一种停连方式，当内容条件允许、思想感情运动的表达需求足够强烈时，在哪儿停受众更能接受，你就可以灵活运用停连，这就是灵活性停连。

（四）停连位置确定的依据

1. 区分语意

一篇稿件，播音员主持人虽然自己理解了，但在播出过程中如果停连处理不当，也很可能造成语意不清，使受众不能完全理解或者曲解其本来的意思。这中间，需要对词语序列进行符合有声语言要求、符合听觉习惯的整理、加工，通过停连来区分语言序列的各种成分，表达出清晰的语意。因此，在区分语意的地方需要我们注意停顿和连接。

需要注意的是，在语言表达过程中要运用停连来区分语意，但是区分过细也可能出现模棱两可的情况。另外，区分语意的地方不仅指稿件中词或短语之间，句与句、段与段、层与层、部分与部分之间也要注意，这是灵活多变的，要从稿件内容出发进行把握。

2. 前后呼应

有声语言表达过程中常常遇到前后呼应的内容，这就需要运用停连来表现这种呼应关系。呼应关系也有不同情况，或一呼一应、逐层呼应，或大小呼应交叉、一呼多应、多呼一应。表达过程中要弄清楚哪个词是呼，哪个词是应，二者如何呼应等问题，然后再来确定停连的位置。

需要注意的是，"呼"和"应"如果仅仅存在其中之一会导致语言序列发生紊乱，产生语句前后不搭的现象。恰当的停连会使语句内部各词、词组的关系明晰、确定，语意严谨、贯通，在较长的语句中，在多概念的语句中，尤其能发挥它的作用。另外，在全篇结构，尤其是倒叙、插叙、补叙的表述上，停连也发挥着重要的作用，可使文章层次清楚，结构完整。

3. 强调转换

每篇稿件在内容上都有主次之分，在语言表达过程中有很多地方是重点，需要我们进行强调和突出。运用停连不仅能够突出重点，还能够使表达富于变化。在想强调的词或词组的前边、后边或者前后同时进行停顿，可以使想强调的词或词组凸显出来。

另外还有一种情况，就是稿件内容中的情节会改变话语的含义和情感。在这种情况下，需要设置特定的停顿将内容转换表达出来，进而将语意、文势、感情呈现给广大听众。

4. 并列分合

从整体角度看，很多稿件内部都存在相同的位置、关系和句式，这些内容需要播音员主持人通过分辨其停顿位置和不同句子之间的逻辑关系加以处理。存在并列关系的停顿，在位置、时间等方面比较类似，且其各自内容之间又密切关联，所以停顿小，时间也不长。

值得注意的是并列关系常常以领属性词语作为开头或位置前的内容，并以总括性词语进行收尾。领属性词语和总括性词语之间，需要为引出下文或进行总结设置时长足够的停顿，且这种停顿具备比并列关系之间的停顿更长的时长。

5. 思考判断

在稿件内容中，带有判断性、思索性特征的内容是比较常见的，这些地方都需要停连加以润色，从而烘托出特定人物的心理活动和思维变动。播音员主持人要能够根据文字描述进行思考判断，这个过程也方便广大听众消化已经收听的内容，从而对播音员主持人接下来要讲的内容做好准备。

从本质上看，停顿和思想感情产生空白是完全不同的，前者需要播音员主持人在进行播讲时根据稿件内容"明其意"而"成于思"，产生特定的思维过程，以表达"看""听""想"等多种含义的有声语言。但在这个过程中，不要为了"思维过程"而去"思维过程"，要向其投入真情实感，而随意判断、任何地方都去判断的做法会让句子变得零散化，并歪曲原本句意。

6. 回味咀嚼

很多文章的词、句、段，尤其是在结尾时的词、句、段，都不是戛然而止的，而是希望给受众留有想象、回味的空间，要达到这种效果就需要处理好结束时的停顿。这种停顿是播讲者具体的思想感情运动延续的结果，它使文章意犹未尽、回味无穷，受众可以据此展开联想，感受到其中的深意。

（五）停连的把握——以新闻播音为例

1. 不能改变语句的本意

在很多人眼中，播音就是将文字有声化。但实际情况是，根据文字创造出有声语言的过程，要求播音员主持人具备足够的处理稿件内容、理解文字含义、把握文章主旨等能力，而这些能力需要日积月累、反复训练和实践方可产生。此外，播音还要求播音员主持人做到对稿件内容了然于胸，在不对稿件进行熟悉的情况下，经常会出现停连有误的现象，语句的本意也会随之发生改变。

2. 不能单纯依靠标点符号

没有标点符号或者采取不同的停连方法，会导致所表达的句意千差万别。换句话说，我们需要标点符号判断语意，更需要以文章含义为基础设置停连。如果

播音主持语言表达艺术研究

某个长句子中不存在任何标点符号,那么播音员主持人要主动发掘停顿处,这样不仅方便广大听众进行理解,也为自己创造机会进行换气。例如,有一句新闻语是"本次博览会吸引来自全国各地众多文化产业爱好者到我市学习、交流和创业"。我们可以发现,这句话的标点符号只有一个顿号,假如我们只根据标点符号进行播讲,那么这句话就只有顿号这唯一一个换气口,这就会严重影响我们播讲这句话的流畅性,甚至会改变语句本意。

3. 不能破坏文章的完整性

有一种句子,本身存在很多顿号,如果为每个顿号都安排同样的停顿时长,那么整段话经播讲后会变得十分零散。以下面这句话为例:"群众可以通过手机客户端随时随地学习政治、经济、文化、社会、历史、科技、军事等方面的知识。"如果采用本段开头所述的方法进行播报,那么这句话很容易会变成这样:"群众可以通过手机客户端/随时随地/学习/政治、/经济、/文化、/社会、/历史、/科技、/军事等方面的知识。"可以发现,原句变成这样是十分不连贯的,节奏也紊乱了,并且播音员主持人在习惯了前半部分的停顿后,很容易在"军事"和"等方面知识"中间再停顿一下,结果就是广大听众根本不理解播音员主持人想要表达什么。同样以这句话为例,如果可以按照"群众可以通过手机客户端/随时随地/学习政治、经济、文化、社会、/历史、科技、军事等方面的知识"的方式进行处理,在播讲完"手机客户端"后的停顿处进行偷气(气息足够则无须偷气),那么这句话的真实含义也就被表达了出来。这个过程中的停顿是符合人类的生理需求的,同时也具有强调的功能。所以我们说,在进行有声语言创作时,不能破坏文章的完整性。

4. 不能过分追求语速

从实际情况看,除了很多初学者,有部分从业多年的播音员主持人往往会习惯性地追求语速。虽然说在当今社会,广大群众的信息需求不断提升,新闻的播报节奏也应该适当加快,但提高播报语速的前提是掌握新闻题材、为稿件内容合理设置停连处。一味地追求语速,是以缩短停顿时间、压缩发音过程为代价实现的,这种做法会导致播音员吐字浑浊、无法分辨,最终的传播效果自然会让人失望。在 20 世纪 80 年代,新闻播音界的语速要求是每分钟播报 200~220 字;而在当下,新闻播音界要求播音员主持人每分钟可以播报 240~250 字,并且消息、通讯、特写等不同体裁的新闻对应着不同的语速要求。

5.语势应灵活多变

在对稿件进行处理时，语句间的逻辑关系是通过把握停连、语势等方面的走向实现的。保持在同一语势层面的停连会让广大听众心生厌倦，尤其是在处理存在并列关系的语句时，这种现象会更为严重。以这句话为例："会议要求，要在学习贯彻习近平新时代中国特色社会主义思想上求深入；在做好新冠肺炎疫情宣传工作上求强化；在满足人民群众精神文化生活新期待上求提高；在坚持党的全面领导、推进文化领域制度建设上求成效"，这句明显比较长，也存在并列关系，在进行播讲时，不能在分号处过多停顿，而要采用曲连的播报方法，产生连而不断、悠荡向前、高低起伏、抑扬顿挫的效果，让呈现给广大听众的有声语言存在明显的语意重点，否则会让观众觉得每一句话都是单独的句子，没有美感、没有活力，整段播报无法发挥出传播作用。

二、重音

（一）重音的概念及作用

1.重音的概念

语言的构成元素是各个句子，各个句子的构成元素是不同的词和短语，而这些在稿件中具备不同的重要程度。重音可以将不同语句的目的和稿件内容中词或短语对应的思想情感体现出来，所以，我们可以将重音理解为在整个播音过程中，因特殊的语句目的和思想情感而需要强调的词或短语，可以从以下两个方面理解重音。

首先，重音和轻重格式是有区别的，前者以语句为存在单位，其中包括单句、复句。确定重音的前提是围绕独立、完整的语意，这是重音与轻重格式之间存在的最大差别。对于不同词和词组而言，轻重格式是不同音节对应不同的音强，因其约定俗成的特性，轻重格式是比较稳定的。而重音的基本单位是句子，在语言环境不同、语句本质不同的情况下，其对应的词具备流动性特征，且词与词之间存在主次关系，音强是重音表现形式的典型代表。

其次，重音和重读是有区别的。重音不是加重词语播报的声音，其具备特定的表达方式，在内容上也存在主次关系。在重音的处理过程中，我们应该在把握重音与思想感情的运动状态的内在联系上下功夫，不能望文生义。

2. 重音在播音主持语言表达中的作用

（1）能够更好地表达重点

在表达语句的过程中，需要注意同一句话中的不同重点部分，要实现这一目标，就要掌握区分重点的能力，其核心是掌握重音的运用方式。以这句话为例"通过医生详细的治疗，我们大家的身体都康复了"，这句话的语意重点是"我们大家"的身体恢复健康，要想让广大听众更好地理解这句话，就要在播报时为"都"字加上重音，让广大听众理解这句话意在强调"我们大家的身体"和"好了"两点内容。

（2）能够塑造更加立体的形象

在播音主持工作里，对人物或其他形象进行描写的稿件所占比例并不小，这些稿件要求播音员主持人在进行播讲时要塑造一定的立体感，使得广大听众对稿件内容产生更加深刻的印象。这种情况下，重音处理是十分有效的解决办法，它可以帮助播音员主持人塑造出更加立体、更加生动的形象，进而让观众产生情感共鸣。

（3）能够更好地表达感情

播音主持不是照稿念字，它对思想情感的要求是很高的，因为只有投入足够的思想情感，广大听众才能被感染。举例来说，当播音员主持人播讲某些英雄事迹或动人故事时，通过运用重音的方式强调思想感情，并把稿件内容的核心词汇强调出来，可以让自己根据稿件产生的思想感情表现得淋漓尽致，进而让广大听众为之动容。

（二）重音的种类

第一类，并列性重音。停连方式之一的并列性停连旨在呈现不同段落、不同语句、不同词组之间的并列关系，而并列性重音则指的是稿件内容中存在并列关系的某些词或短语。播音员主持人的任务之一就是把这些并列关系有声化地表达出来，这就要求他们除了采取并列性停连之外，还要从并列性重音的方法出发处理特定的词或短语。此外，并列性重音存在两个或两个以上具备同等重要性的重音。

第二类，对比性重音。我们的日常生活中，存在美丑、真假、善恶等互相对立的事物，这是我们对事物加以比较的结果。根据这个原理，作者在进行创作时也会安排某些存在对立关系的事物，鲜明的对比能够突出事物的某些特征。而存在这种构思的语言表达结构，被称作"对照式"结构，按照"对照式"结构，我们就可以发掘对比性重音。

第三类，呼应性重音。停连方式之一的呼应性停连，在含义上可以被解释为一呼一应、一呼几应等，它可以让稿件内容的层次更加清晰、结构更加严谨。与之相对，呼应性重音能够突出上下文或不同段落之间的呼应关系。呼应性重音概念里的问答式重音，与呼应性停连的一呼一应比较类似。

第四类，递进性重音。稿件作者笔下的对象，往往是具备一定生命力的，这样才能推动事件的发展，让稿件内容对应的故事递进性地进行。这样的稿件在被播报时需要采用递进式重音。递进式重音伴随内容结构的发展而步步深入，并将递进式关系呈现出来。

第五类，转折性重音。如果说递进性重音揭示的是稿件内容的进展方向，那么可以说转折性重音与之相反。运用转折性重音可以将相反的内容变化表述出来。

第六类，肯定性重音。在稿件内容中，肯定性词语常常用于表达肯定某一事物，包括"是""不是""存在""不存在"等词语。在进行有声语言创作时，播音员主持人不应局限于这些肯定性词语上，而要理解其真实含义，进而设置重音。简单来说就是不仅要对"是什么"加以肯定，也要分辨"是"或"不是"。

第七类，强调性重音。这类重音指的是通过强调句子中某些含有感情色彩的词或词组，来突出表达特定的情感。当然，也可以考虑为某些重复出现的词加上重音。

第八类，比喻性重音。众所周知，比喻是修饰语言的一种手法，运用比喻可以把人们不常见、不完全理解的或抽象的事物简单化地表达出来，让抽象事物具体化，同时也为语言增添情趣，让广大听众易于接收。而比喻性重音要求将某些具备比喻性质的词语重音化。

第九类，拟声性重音。这种重音用于处理句子中的象声词。与比喻性重音类似，不是所有的象声词都适合通过拟声性重音进行处理，这需要播音员主持人对稿件内容进行仔细分析。

第十类，反义性重音。有些稿件的原作者会以揭露某种事物的本质为目标，运用正话反说、反话正说的创作手段，进而将某些事物的不合理性突出，也将原作者的愤怒、憎恶等情感更加强烈地体现出来，抑或把原作者对某些事物的歌颂、称赞更为强烈地表达出来，让读者领略其丰富内涵。这种做法的效果往往比正面说更为优秀。将这列语句的反义性表达出来，关键在于对反义性重音的把握，只有这样才能把赞叹或是反对的态度阐述清楚。

（三）重音的运用原则

在语言表达中，语言目的包含着思想感情和逻辑关系，因此，总的来讲，重音的运用必须以突出语言目的为首要标准，综合考虑思想感情和逻辑关系表达的需要进行取舍，并且还要符合语流变化的需要。我们要从内容的高度着眼，精准把握不同语句的本质，并根据上下文内容掌握语句的真实含义，进而从遣词造句的角度出发规划何处需要运用重音，做到主次分明又符合听和说的正常习惯，达到自然流畅不生硬。

1. 少而精

这一条原则是针对重音的确定来讲的。少指量少，重音包括主要重音、次要重音，当然还有非重音，主要重音是最能突出和表达句子意思的字词，对表达语句目的有非常重要的作用，这样的字词不能多，一多就没有重点了。重音过多，必然影响语速，会给人拖沓之感，也会影响听者对句子意思的理解。当然，主要重音之外的次要重音该强调的时候也是需要强调的。精指精准，也就是要准确无误地把能突出语意的字词找出来，不能找的重音过少，且找出来的还不是正确的重音，那就无法表达句子真正的含义了。

2. 有对比

这条原则是针对重音的处理来讲的。我们知道，句句强调、字字强调等于没有强调；处处着力、处处强调等于没有重音。所以在重音处理上必须主次重音协调配合，有强有弱、敢拎敢放，注意重音与非重音的对比，避免平均用力。一般情况下，一个语句中最主要的重音只有一个（并列成分和对比成分除外），次要重音可根据不同情况有一至数个。强调重音是进行对比的后续成果，无论是强弱、快慢、虚实，都要对比性地加以处理。只有在加强对比的过程中才能突出重要的内容，明确语句的真正目的。

3. 讲分寸

在重音的处理过程中还要讲究分寸，不能一味地为了加强对比而强调某个字词或弱化某个字词，虽然造成了听感上的强弱起落变化，但会显得刻意、不自然。更重要的是，在表达语意的时候还要注意强调分寸，有的时候如果处理不当，就会使句子本来的意思出现偏差，产生不必要的问题。

4. 多变化

这里讲的多变化首先是指在文章当中不是每个字都是重音，我们要依据目的将主次区分出来；其次，确定了重音之后，轻重的表达方式也要有所区别。重音的处理要从全篇把握入手，在语流中把握。重音的存在前提是稿件内容本身，要根据不同需求的内容表达进行重音规划，没有将稿件内容进行突出的重音是毫无意义的。由于稿件内容千变万化，重音的处理也要随之而变，不能机械地、一成不变地按照某种习惯来突出某些词语，形成习惯重音，这不但不符合内容表达的需要，还会影响语意的准确表达。重音的处理方式、表达样式灵活多样，情绪感受不同、创作主体不同、创作氛围不同等都会使凸显重音的表达方式各不相同，不能一概而论，否则便会流于形式、空洞无味。

（四）重音表达方式的选择

1. 强弱对比法

强弱对比法指的是整体调整句子中的各个重音，保证句子中的其余非重音词都维持在声音较弱的同一水平上，并通过加强重音词声音的方式将特定的强调效果呈现出来；同理，反过来处理也完全正常，即强音处理非重音词、弱音处理重音词，同样可以发挥突出重点的作用。在这种强弱对比下，稿件的重音被重点突出，播音创作的实际效果会更加令人满意。

2. 高低对比法

在播音主持工作过程中，播音员主持人采用高低对比法，同样能够达到突显稿件特定语句句意的效果。高低对比法要求播音员主持人用低音处理非重音文字，而用逐步提高声音的方式处理重音文字，当然反过来也成立。这样一来，在高音和低音循环前进的对比下，播音员主持人所创作的有声语言会更具感染力、更具传递效果。

3. 快慢对比法

快慢对比指的是在播讲稿件内容时改变声音的缓急、长短（处理方式相反也成立），从而让重音和非重音之间呈现出对比效果。采用这种方法，播音员主持人同样可以将特定的重音词句很好地表达出来。

4. 虚实对比法

除了对比，在播音主持工作中，虚实对比的方式同样也很重要，它与其余对比手法一样，也能将重音突显出来。运用虚实对比法对重音进行处理时，可以让声音变得洪亮有力或如嘘声一般轻缓气多，在体现重音的同时提升播音主持的整体效果，进而最大程度体现播音主持的重音艺术特色，让播音员主持人拥有更为持久的职业生涯。

（五）重音的运用技巧

1. 找准中心词

任何句子都存在中心词，它决定句子的本质语意，也是播音员主持人对稿件内容加以重音处理时需要把握的关键前提，精准把握每一句内容的中心词并重音化处理，对于每一位播音员主持人而言十分重要。当拿到一份稿件时，播音员主持人的首要任务就是寻找中心词，必要时可以加上标注，以便在播讲过程中能够更加顺畅地表达稿件内容的主题情感，让广大听众产生共鸣。

2. 找准逻辑顺序

在稿件中，逻辑就是整体脉络或贯穿全文、部分文段的线索。理清稿件内容的整体逻辑，可以帮助播音员主持人更加透彻地理解稿件文意，进而更加游刃有余地运用重音技巧对稿件加以处理。对于大多数稿件而言，内容中出现转折、假设、反问的地方，往往就暗含某些特定的语意逻辑，我们也可以将其视作内容连接点。通过重音技巧，把这些连接点都联系起来，稿件的整体逻辑也就会浮现出来。在这种前提下所创作的有声语言，对于观众而言更加易于接受和理解。

3. 对情境进行重音描述

播音主持工作不是照稿念字，而是需要播音员主持人投入足够的思想感情，从而提高整体感染力，为此，我们要将稿件中的情感部分突显出来。在具体的播音创作过程中，播音员主持人要具备通过重音将稿件中带有如比喻、拟人或其他修辞手法的煽情语段强调出来的能力，并要保证随时可以通过重音技巧将稿件内容描绘的特定情景描绘出来，注意在整个过程中融入自身的真情实感。经过重音描述的情景会浮现在听众的脑海里，进而加深他们对稿件内容的理解和感悟。

4. 注重轻重快慢的表达

在播音主持工作中，简单掌握重音技巧，并将其应用于稿件创作的做法是完全不够的，注重具体的表达过程，通过适当手段将轻重快慢呈现出来也是很重要的。例如，在播讲一些略带伤感情绪的语句时，播音员主持人要适当放慢语调，进而将这种情感表达出来；在播讲一些侧重欢愉的语句时，播音员主持人就可以适当加快语速，让语调变得更加轻快一些；在播讲一些偏向沉重的语句时，播音员主持人要将语调放慢，并通过低沉的声音表示沉痛、惋惜。

三、语气

（一）语气的概念阐述

语气是有声语言创作过程中重要的表达方法之一。无论是广播还是电视，无论是有稿还是无稿，只要是运用有声语言传情达意、与受众交流沟通，都需要用好语气。语气在传情达意上起着重要的作用，如果说停连、重音比较善于客观信息的传达，那么语气则更长于感情态度的表露。如说"他走了"，在停连、重音不变的情况下有声语言可以表达出多种不同的感情态度：肯定、疑惑、坚定、犹豫、欢快、悲伤、活泼、严肃、紧张、轻松，等等，这便是语气的力量和魅力。

就实际情况而言，除了特定的思想情感，对稿件句子语气产生一定影响的还有很多看上去不是"语句"但又属于稿件内容的某些因素。我们将语境理解为语句存在或使用的环境，它影响着我们对语言的使用，也对语言手段的运作发挥着约束作用。掌握这一特征，在播音创作过程中才可以灵活合理地运用语气技巧。

对于播音工作而言，语境主要从以下三个层面影响句子的语气：首先，某一语句不仅属于前后文所营造的语境，也属于所处段落和整个文稿的整体语境。从多层语境出发对语句的语气色彩、分量和语势进行处理，可以更加深刻、更加精准、更加合理地表达语句的语意；其次，在播讲过程中，特定的语句对应着特定的文（语）形式、传播方式（广播、电视）、录播空间（演播间、现场），其内含的时代氛围也不尽相同，而传播受众的收听需求、收听心态也发挥着一定的约束作用。要想完美地表达语句，就要保证其声音形式与上述各种传播因素相契合；再次，语气的创造者是播音员主持人，在创作态度、创作状态、语言条件、语言功力、美学追求等多种元素等方面存在差异的情况下，他们的语气会发生变化。这也从侧面反映出语气技巧的重要性。在具体的播讲过程中，播音员主持人要控制自身的思想感情，同时也要把握每一句话对应的众多语境，只有这样才能使得不同语句对应的有声语言具备不同特色。

（二）语气的感情色彩和分量

不同的语气有着不同的感情色彩，或代表是与非，或代表爱与憎，前者本质上形容态度，包括赞扬、亲切、开朗、批判、反对、庄重、踟蹰等；后者本质上形容感情，包括欢愉、喜爱、急躁、伤感、厌恶、冷漠等。

语气的分量，指的是包含不同感情色彩的语气，在对是非、爱憎进行区分时所把握的"度"。想要把握语气的分量，就要清楚地厘清语气感情的分寸和火候，进而将情绪恰当地进行表达。此外，把握语气的分量，是使语气具备贴切性、丰富性、深刻性等特征的关键。

我们可以按照下文所述四点内容对语气的感情色彩和分量加以分辨。

第一点，要遵循正确的人生观、价值观和世界观。"三观"往往伴随显著的主观色彩，所谓"一千个人的心中有一千个哈姆雷特"，那么我们如何辨别"三观"的对错？存不存在判断"三观"是否正确的清晰标准？答案是：正确的"三观"符合社会发展规律和人民群众的根本利益。举例来说，新闻的播音内容是取得胜利的战争，因而更加侧重正义感，那么播音员主持人需要调节情感色彩和分量，表达出自豪和喜悦，而决定"自豪""喜悦"情感流露的，正是新闻主题具备的价值观。

第二点，要秉持中国传统文化的精神理念。中国传统文化包含的诸多理念都能够引领现代社会精神的发展。例如，我们要对以母爱为主旨思想的稿件进行播报，就要运用充满情感、饱含深情的语气，这就要求我们围绕新闻稿件的主题，投入充足的情感，以创造贴合主题的语气。

第三点，要遵循真善美的标准。无论是广播还是其他媒体，都具备一定的社会传播责任，要保证广大群众接收的信息符合社会主流价值观。播音员主持人要通过特定的语气将稿件内容蕴含的正能量和对负面事件的鞭策批判呈现给广大听众。也就是说，作为播音主持工作者，播音员主持人传递给广大听众的除了稿件内容，还有其对应的丰富情感，这样从侧面反映出广播媒体的社会责任感。

第四点，要遵循大众传播规律和基本要求。大众传播讲究把握受众在心理上的真实状态，包括心理需求和心理习惯，这些都是有一定规律的。通常情况下，如果脱离对语气所含情感色彩和分量所坚持的合理的度，那么预期播音效果就无法产生，广大听众的接受内容也趋于零散、不完整。所以，播音员主持人需要准确把握播音过程中的语气情感色彩和语气分量，也要以节目特色和传递形式为基础酝酿自身情感并注入播音语气中，从而满足广大听众的心理需求，实现与广大听众的互动和信息传递的目标。

（三）语气的声音形式

语气并不满足于仅对内在情感的准确把握，它更强调外部的呈现，就是要通过具体的声音形式把内在的东西展现出来，让他人听到、感受到。声音形式是情感的物质载体，是人们感知创作主体内心情感状态的重要媒介。虽然由于个体差异，每个人的表达不可能都一样，但声音形式在表现某种情绪时却有着共性特征，具有共通性。正因如此，人与人之间的交流才得以正常进行，即便在双方语言不通的情况下，彼此也能通过声音感知对方的情绪、态度。

1. 具体的思想感情与声音形式

同样一句话我们之所以能表现出不同的语气色彩和分量，是由于不同的思想感情会有不同的声音形式进行呈现，也就是相同或相近的思想感情其声音形式具有相似性。具体的思想感情与声音形式具有的这种稳定的关系，是人们通过听觉直接感受表达者内在情感的基础，也是我们在表达时需要遵循的基本规律。人的心理和生理是密切关联的，心理变化会很大程度地决定生理变化。这个规律在声音上的表现就是情动而气出、气变声也变、情随声传，情的变化会改变声音和气息，而声音、气息的不同状态又反映了情感的不同特点。

2. 语势

语势，指的是在一定思想感情运动状态下，某一句子对应的声音态势，我们也可以将其理解为有声语言的发展趋向。不同的语势，是气息、声音、口腔状态在不同层次、不同侧面产生立体变化或多种组合的产物。创作有声语言时，播音员主持人对气息、声音、口腔加以驾驭产生一定的语势，这些是广大听众在接受有声语言时完全可以分辨出来的。从气息角度看，气息位置不同、气息量不同、送气快慢不同，会产生不同的气息，对声音的高低、强弱、长短、音色都有一定影响；从口腔状态角度看，发出不同音位的声音，需要让口腔保持一定的松紧状态和开闭状态，舌位也会有所不同。语势包含的气息、声音、口腔状态三个方面之间是互相关联的，决定着有声语言的立体性特征。

（四）播音主持语气表达技巧的训练方式

1. 运用合理的语气

在播音过程中，播音员主持人的语气会影响广大听众对新闻内容的理解和节目的整体效果，所以播音员主持人必须保证自己能够在特定的地方通过语气加重音。这虽然看上去并不难，但实际操作过程中，单纯地加强音调或调节语气无法收获预期效果。这是由于无论是寻找加重音处还是对语气的选择，都要有一定的前提条件，加深对新闻稿件的理解直到透彻地掌握其主要内容就属于这种前提条件。在调节语句的声音形式时，首要任务是掌握文稿的主旨思想感情，这样才能创造出令广大听众信服的有声语言。在播音主持界，不同的播音员主持人具备不同的重音技巧和语气技巧，而把控语气的度，需要播音员主持人反复练习和实践，并在此过程中不断反思总结。只有经历这一过程，播音员主持人才会在实际工作过程中更好地运用语气。

2. 掌握语气的节奏和速度

对于播音员主持人来说，对播讲节奏和播讲速度的把控也是一种重要能力，因为节奏和速度会决定其播音主持的整体风格。播报过程中的速度和节奏受广大听众接受信息速度的约束。通常情况下，听众更乐于接受速度平稳缓慢的信息播报节奏，如每分钟二百九十字，但这并不代表任何时候都要采取这一速度，这只是一种参考。播音主持工作的节奏取决于新闻的风格和具体内容，而掌握语气的节奏和速度不仅可以让新闻主体突显出来，方便广大听众理解，也可以突出特定的节目风格，进而提升节目总体效果。

3. 合理处理语气的细节

将播报中的语气处理好，能够有效提升播音效果。大多数情况下，新闻节目采取的播报方式是直播,这对主持人的要求水平相当高。在播报时,主持人要随时根据现场状况调节播报气氛,也要找出某些语言组织的目标,从而保证直播节目的顺利进行。此外,提升语气处理能力的关键是培养高水平的心理素质,拥有良好心理素质的播音员主持人可以边分辨编辑发送的信息,边进行信息播报。为了实现提升节目吸引力进而提升节目收视效果的目标,新闻播报要以观众的接受水平为基础,在播报一些不存在可替代的专业性术语的内容时,要适当地为新闻稿添加更具生活化、口语化的表述语气。

四、节奏

(一)节奏与播音节奏

1. 对节奏的基本认识

现实生活中,节奏无处不在,无论是自然界的四季轮回、江河湖海的潮起潮落,还是人类社会的不断发展,甚至我们的心脏跳动、肺部的扩大缩小,都拥有特定的节奏,它是客观世界物质进行运动的产物。存在盈虚消长、升降沉浮、和合分离等规律的物质运动,是节奏的构成源头。

节奏具备特殊的艺术效果,能够将富含美感的内容呈现出来。相比现实事物的节奏,艺术的节奏更具鲜明、完整、符合审美需求等特色。对于音乐而言,节奏是乐曲的存在基础,也是一种特殊的音乐手段;对于舞蹈而言,通过形体动作呈现出的节奏是舞蹈语汇的构成要素;对于绘画而言,节奏存在于线条、色彩、光影、构图等多方面中;对于荧幕电影,无论是情节变化还是镜头运动、人物心理变化和行为举止,都离不开节奏。由此可见,对节奏加以巧妙运用,能够创造出不言而喻的美感,进而吸引公众对其产生兴趣和注意力,领略别样的精神、情感和意蕴。

2. 对播音节奏的理解

第一,播音节奏的核心即声音形式的"回环往复"。节奏要求律动要有特定规律,而声音形式的"回环往复"是播音节奏的灵魂。在具体的播音创作中,没有两个以上具有相似特点的声音形式的呼应、反复、是无节奏可言的。这里所说的"相似之处",即语气、语势、转换形式等。相似性特征通常出现在不同的重点语句、重点段落、重点层次之间，并反复出现，构成了回环往复的节奏特征，所以，具有一定特点的声音形式在语流中回环往复，才能使人感应到某种鲜明的节奏。

第二，播音节奏的声音形式是抑扬顿挫、轻重缓急的。人类丰富的内心情感与具体可感的外部声音是能够相互对应的。如果没有这种对应关系，情感就无法通过与它相应的形式得以表现。平平无奇、单调乏味的声音形式无法将丰富多样的思想感情传达出来，与内心情感相呼应，并且具备流动、变化等特征的声音形式，才是我们所追求的外部形式。在我们的语流中，抑扬顿挫、轻重缓急、强弱高低、快慢停连等声音形式都是播音节奏的基本组成要素，并以乘续、分合、对比等多种变化组合形式为播音节奏增添回环往复、有规律可循的律动感。

第三，"抑扬顿挫、轻重缓急"的依据，即创作主体思想感情的波澜起伏。播音节奏是艺术节奏的一种，也就是说，声音形式的变化必须要有内心的依据。播音节奏外在的表现，是抑扬顿挫、轻重缓急的声音形式的回环往复。但这种变化的声音形式，不是凭空而来的，也不是创作者为了变化而变化，它是以创作主体的思想感情运动为依据的。

对于播音员主持人来说，一方面通过对内容与形式的整体把握，对创作依据与创作氛围等相关因素的关系了然于心，成为播音"有感而发"的客观依据；另一方面还应有"由衷而发"的主观意向，能够根据创作依据让自身的思想感情维持在一定的积极运动的水平上，并及时调节自身的生理节奏和心理节奏。只有做到让思想感情充满真实感，才能达到"思想感情的波澜起伏"的效果，而这里所说的"波澜起伏"越是具备精准体验，所创作的有声语言就越要具备节奏感。

第四，创作主体的思想感情波澜起伏，来自于对整个文本的把握。播音节奏来自于文本整体，且受播出目的、稿件内容主旨和内容基调所限制。通常情况下，稿件内容的基本节奏是趋于稳定的，其既具备鲜明个性，又将丰富的变化蕴含在整齐的文字顺序中，节奏和基调是相辅相成的。播音基调代表稿件内容的整体感情色彩和分量，同时也是播音员主持人的态度感情的统一体现，而这种统一体现来源于对语气和充满节奏的有声形式的把握。可以说，节奏承载着基调，播音作品中高低起伏的节奏，能够显现出文本叙事的发展脉络和由此引发的情感的变化运动过程，这是一个有机的整体，而非零散碎落、有句无章的随意闪烁。

（二）播音节奏形成原因

1. 客体对播音节奏形成的影响

客体节奏，顾名思义，主要体现于外部世界。按照这种定义，稿件和现场的其他事物就是播音的客体。由于节奏用于形容事物的运动状态，对于播音员主持人而言，现场事物始终处于流动的节奏中，时刻对播音员主持人发挥着刺激作用，并方便播音员主持人对其进行感应和捕捉。比如，同是在人民大会堂，召开人民代表大会共商国是的现场气氛与节奏，同召开文艺晚会欢度佳节的气氛节奏，肯定是不同的。在现场做报道，或主持节目的人，一般都能从中受到感染，进而调整自己的生理、心理节奏、语言节奏，力求与现场节奏相吻合。

稿件能够通过凝练的文字语言形式，将特定的客观事物、思想观念所具备的节奏展现出来。文字具备抽象性、间接性等特征，这就导致满是文字的稿件所存在的节奏在被体察时更为困难。体察稿件中的节奏，可以从这两点入手：第一，从整篇稿件出发，对特定情感具备的运动节奏加以体察；第二，以语言文字的风格入手，体察其对节奏产生的影响力。

2. 主体对播音节奏形成的影响

从现场或稿件体察的、属于客体存在的节奏，本质上是外部世界的节奏，不能为播音创作对应的受众群体带来直接感受。所以，在捕捉到外部世界的节奏之后，播音员主持人要迅速调整自身的生理节奏和心理节奏。无论从创作角度看还是在欣赏角度看，节奏都是具备有效性特征的，因为其与人类普遍的生理依据密切相关。但是，仅凭生理变化是无法塑造情感体验的，情感性质还受认知和环境的影响。除了把握客体节奏，我们还应该从客体的节奏中看出它所表现的情感的性质及特征，这是融入了理性的情感运动，同时生理上的节奏感应也要适当保持，当然这是作为一种情绪体验的记忆保存的。

还有一点应当指出，接受客体的节奏，激活自身的内部节奏，要保证主体与客体保持同样的节奏。然而，存在主体和客体对事物反应产生不同评价态度的情况，这种情况也包含目的、环境等方面的约束作用，这是主体要及时调整自己的内部节奏，无论是情感类别的方向还是情感的强度。是否需要进行调整，要以立场和具体目的的要求以及传播效果的要求为衡量标准。

3. 传播对象对节奏的需求心理

无论广播还是电视的播音，都是面向听观众的传播，都是有接受者的。这种传播所处的反馈循环系统不是封闭的，而是包括空间在内都十分广阔的、开放的。运用节奏的目的是提升传播效果，要求播音员主持人分析并掌握广大受众的节奏需求和承受限度。

事实上，我们的播音一直十分注意依据受众心理调整播音节奏。以特定的时代政治、经济、文化、传播方式、收视环境为大背景，每一位受众都有时刻变化的心理需求。例如，在某一历史阶段，由于大环境的改变，受众心理发生了变化，播音员主持人在创作有声语言过程中需要改变语速和力度。即使在同一天内，受众在不同时间也很可能产生不同的心理节奏，这也正是考验播音员主持人综合实力的地方。

（三）播音节奏的基本类型

分辨播音节奏属于哪种类型，其标准通常是声音形式的强弱、起伏、快慢等。同种类型的播音节奏，表现为有较多相似特点的声音形式。运用节奏时，一方面要掌握节奏的基本类型，以确保思想感情的表现准确、鲜明、完整；另一方面也要注意节奏的丰富和变化，以烘托思想感情变化的层次性，增强生动感人的力量。

从节奏的声音形式和精神内涵出发，节奏存在轻快型、凝重型、低沉型、高亢型、舒缓型和紧张型等六种基本类型，其分类的标准是声音形式的速度快慢、力度强弱、亮度明暗虚实。每种类型的节奏从轮廓上看具备一定相似性，但并不完全相同，在特点上的具体区别如下。

轻快型：重扬轻抑，声音轻若无力，存在于语流中的顿挫少而短促，语速轻快明亮，给人以跳跃之感。从全篇角度看，涉及重点的基本语气和基本转换，都是较为轻快的。

凝重型：重抑轻扬，而又重多轻少，音又强又有力，色彩趋于浓重，语势平缓，包含很多时长较长的顿挫，语速因此比较慢。在重点处，无论是基本语气还是基本转换，都具备比较重的分量。

低沉型：当声音表现又沉又暗时，语势以下山类居多，句尾多以沉重落点，而语速比较平缓。在重点处，无论基本语气还是基本转换都是沉缓的；当声音表现得多而明亮高昂时，语势以上山类居多，气势紧密远扬而又无法遏制，而语速比较快。在重点处，无论基本语气还是基本转换都具备昂扬积极的特征。

舒缓型：声音多表现得轻松明朗、高而不着力，语势虽有跌宕，但以轻柔舒展为主。在重点处，无论是基本语气还是基本转换都比较舒缓平稳。

紧张型：声音重扬轻抑，重多轻少，语速偏快而顿挫急促，具备大密度的语言。在重点处，无论基本语气还是基本转换都略显焦急、紧张，典型例稿如《麻雀》。

（四）播音节奏的作用

在播音主持工作中，合理运用节奏技巧，能够让整体效果表现得更具动感，也能提升感情的传达效果，让广大受众为之产生共鸣。

1. 激发调节功能

在播音员主持人眼中，调动节奏进而酝酿感情的做法，具备很强的活力。这是由于我们可以根据外界节奏的体验调动自身的情感，并按照特定的心理节奏让语言表达的节奏显现出来。

2. 强化表现功能

节奏可以增强播音作品的整体表现效果。在整个播音创作过程中，不断出现、不断强化的主导节奏，不仅能够使其成型和被肯定，也能将特定的感情加以明确突出。主导节奏与辅助节奏进行对比映衬，能够通过增强情感易感性和通俗性的方式，提高受众的感应程度和记忆程度。所以，在进行播音创作时，播音员主持人要灵活运用节奏，提升播音语言的美感价值，并创造出更加有序、更加生动形象的有声语言。

3. 引导定向功能

在播音的传播对象眼中，节奏可以对接受过程加以引导定向。对于广大受众而言，节奏能够从生理角度直接有力地产生感染效果，而节奏的作用远不止对生理的简单刺激。我们的情感、生理、经验之间存在特定的联系，所以节奏能够产生让生理感应心理化的刺激，进而让广大受众体验富有精神内涵的节奏。

过于呆板的节奏，无法让广大听众产生心理感知上的波动，甚至会产生听觉和心理上的疲劳，注意力也会无形中被分散。与之相反的是，明亮易感的节奏能够让广大听众提起兴趣和精神,进而使得他们的情感发生运动,甚至改变他们的情绪反应。举例来说,当收音机正在播报内容,而内容又涉及人员名单时,平稳、均匀的节奏会对我们产生吸引力,其高低起伏、轻重有序的节奏会让我们产生思维情感运动。在这种情况下,我们能够根据生活经验,判断出播报的内容是在进行表彰还是在进行批判,而人员名单是某个机构、部门的工作人员,还是某个排行榜的歌星名单。由此看来,有声语言的节奏和语气能够对听众的判断意识产生影响,并将听众的情绪向节奏发展的方向加以定向引导。

(五)播音节奏的把握

1. 树立大局观是根本途径

播音节奏是在播音创作的整体中体现出来的,我们在对播音创作依据进行艺术构思时,必须时刻保持大局观的理念,从全局出发规划具体的播音节奏。节奏的总体布局,要考虑两个部分的关系:其一是决定节奏形成的主导部分的语言色彩,具备更加明显的回环往复特征;其二是辅助部分的语言色彩,这个部分能发挥烘托映衬、铺垫对比作用,且与主导部分保持密切联系。二者相辅相成,相得益彰,对比显现,形成全篇的整体节奏。

节奏的总体布局尤其要避免单调,切忌一高亢就"一扬到底",一低沉便从头至尾"抑而不起"。必须悉心找到"扬中有抑""抑中可扬"之处,以形成有对比、有变化的运动的节奏。

总之,要注意节奏的鲜明性、丰富性、变化性和整体性,只有这样才可能运用好这一技巧,真正实现节奏对于思想感情的表现功能。

2. 纵控有节是基本要求

声音形式有规律的运动变化,是形成节奏的重要条件。不同声音形式的对比显现,形成节奏的规律。但是,播音员主持人在运用对比时要把握"度",不能脱离特定的内心基础去捏造思想感情,也不能为了呈现节奏的变化而将声音形式的对比夸张化处理,否则易误入形式主义或玩弄技巧的歧途,从而破坏播音作品的整体表现力。

3. 分析易出现的问题

运用节奏的基础是调控思想感情运动状态,并把握声音的弹性。脱离这两方面内容而进行的播音创作是重形式而不重规律,也会导致声音形式变得毫无灵魂。

在把握节奏时，往往易在两方面出现问题。

第一，对比失度。在同中寻异，要求同时寻找对立因素和相关因素，并将其结合起来，以免发生"一快就乱""一高就喊""一弱就软""一重就拙"及其他极端负面的状况。再者，转换并不一定只有突转、大转，还有渐转、小转这类较为和缓的方法。"扬"，也不是只有"重扬"，还有"轻扬""虚扬"。诸多的声音高低、强弱、快慢、虚实的排列组合，从技术角度为我们提供了控制节奏、避免对比失度的方法，可以考虑从声音形式对比因素的辩证关系出发，对播音节奏的对比变化加以调控。

第二，转换时机不当。这种问题主要有转换超前、转换滞后两种体现，前者指的是播音员主持人感情运动积极有余，但不具备全盘审视的眼光，不能很好地掌控整体，这也可能是表达技巧、转换手段缺乏所致。这种情况常常产生于由抑转扬、由慢转快、由重转轻的重点之处。每每到这种地方，部分播音员主持人就提高声音、加快气息，声音因此被过分"顶"上去，"起"得早，又"步步高"地顶上去，往往想浓墨重彩，却气息急促，声嘶力竭，功亏一篑；后者多数是因为思想感情运动状态不佳，口比心快，也存在控制经验不足、转换不及所致的情况。转换与停顿是密切相关的，而停顿处是进行转换的机会所在，这种情况下，一定要保证思想感情的持续状态。完成转换需要通过情景再现、内在语等技巧引发情感变化来实现，当然也可以根据思维轨迹内含的逻辑感受，去发掘其转变为文字内部节奏的过程，进而分析出停顿时机，积极有效地实现有声语言的转换，形成语言的节奏。

第五章 播音主持语言表达风格

有声语言和副语言是播音主持创作的手段，探索其构成要素、功能特征和表达规律，是研究播音主持创作活动的重要一环。本章为播音主持语言表达风格，依次介绍播音主持语言表达中的有声语言风格、播音主持语言表达中的副语言风格两个方面的内容。

第一节 播音主持语言表达中的有声语言风格

一、基于语言角度分析播音主持工作特性

（一）播音主持工作性质

播音活动是语言学的各项活动中一项比较特殊的言语活动。播音言语活动的过程是：心理—生理—物理—生理—心理。

其中，心理—生理活动，就是发送信息的人，即播音员（节目主持人）发送信息的过程；生理—心理活动是信息接受者，也就是听众或者观众对信息的接受程度；物理活动过程就是空间中声音传播的过程（其中就有电子技术应用），以上提到的 5 个运动过程其实都是在一瞬间实现的。

其中生理和物理活动过程都带有一定的自然属性；心理活动内容中，带有鲜明的社会属性。播音这一言语活动所具有的特殊性主要表现为：一般的生活言语活动，它所沟通的对象都是在场的人，言语交流也就是言语活动的过程，它是一个整体且又比较封闭的体系，信息发送者是指说话人，其能够及时地得到交流对象信息并进行反馈，并且还会依据反馈的信息随时对其交流状态进行调节。

在播音中，播音员（除现场主持节目外）通常坐在播音间内，对着话筒与镜

头,听众或观众是不在场的。播音员听不见也看不见听众或观众的反馈意见,也就不能与听众和观众进行真正的沟通(仅仅向听众、观众单向传递信息,不能相互沟通)。播音员(节目主持人),只能凭借自己的经验和感受,去寻找"对象感",在播音创作中尽量做到与想象中的听众、观众"交流"。因此播音这一言语活动过程是个比较不全面的开放体系。听众、观众不在场而形成言语活动沟通过程中的"残缺"是播音言语活动中的特殊性之一。

播音言语活动其特殊性还表现在:在日常生活中,言语活动是言语者本人想要表达内容;播音这种言语活动必须以稿件(素材)为基础,并将文字稿件(素材)变成自己想说的内容。播音言语活动也有其特殊性:在日常生活言语活动中言语者代表他自己说话;播音这种言语活动中,播音员(节目主持人)就是在为电台发言,电视台代表党和政府发言。与此同时,在播音这一言语活动中,言语者也受话筒、镜头等传播条件制约,副语言无法得到充分利用,特别是在电台播音中,只能依靠声音,如此等等。所有这一切,构成播音言语活动中的特殊性,因此播音是一种独特的言语活动。

(二)播音主持工作作用

在广播电视事业快速发展和电子传媒手段充分应用的背景下,广播电视发生了广泛和深刻的变化,播音主持的创作空间也更加宽广,播音主持岗位逐渐被人们所重视,播音员主持人也在不断地提升自己。播音主持工作作为广播电视传播系统的一个重要部分,也是广播电视传媒工作中至关重要的环节。

广播电台、电视台面向广大人民群众播放的节目异彩纷呈,既有全天候整点播报的新闻节目,也有五花八门的新闻深度报道、采访与评论栏目;既有丰富多彩的音乐、文学、戏曲、综艺、娱乐、益智节目,又有面向不同对象,不同方面的多种专题节目;服务类节目更是数量众多,引人注目,精彩纷呈;也有深受受众欢迎的电影、电视剧;再有耐人寻味纪录片等。然而不难发现,广播电视节目绝大部分是播音员主持人在主持,这些主持人或字字铿锵,或娓娓动人,或出神入化,或幽默诙谐,或循循善诱,或谈笑风生,将世界上的各种资讯报道给大家,并与各位听众、观众交流思想感情。

在播音创作内涵日益丰富和人们的认识日益加深的今天,播音主持在社会政治生活、经济发展、科技进步和文化传播中所产生的直接和间接影响会日益显著。广播电视传播中播音主持基础功能如下。

第一，构建语言（副语言）传播系统，使传播潜能变为传播现实，具有传播形成作用。

第二，传递信息，体现态度，揭示语义内涵，表明思想实质，具有了解和认识社会的作用。

第三，传达感情，以具体生动的形象吸引感染受众，具有鼓舞、教育、激励作用。

第四，规范美化语言，建设语言文明，具有语言表达的审美示范作用。

二、播音主持语言表达要求

（一）对规范性的要求

播音主持语言的规范性一方面要求语音（即声母、韵母、声调、轻重格式、儿化、语流音变等）、词汇、语法、修辞等必须符合现代汉语普通话的规定，另一方面要求语言清晰顺畅，表达精准。

普通话作为国家的通用语言，在语音、词汇、语法等方面都有明确的规定和要求，播音员主持人在语言传播过程中应使用规范的普通话，并且做到熟练运用，不仅字音准确清晰，语流语调还要顺畅入耳，表情达意生动恰当、清晰明了。

为什么要坚持规范性呢？这与国家发展建设和播音员主持人的岗位特点有直接关系。由于播音员主持人岗位的特殊性，国家、媒体和受众在使用和推广普通话上对播音员主持人提出了更高、更严格的要求。

（二）对庄重性的要求

播音主持语言的庄重性植根于播音主持的新闻属性，是基于播音员主持人是新闻工作者的认识基础上提出的。庄重性的核心是强调有声语言传播要真实可信，强调播音主持语言应该是"真实、清晰、恰切、质朴的，而不应该是虚假、含混、冷漠、僵硬的"[1]，强调播音员主持人在创作过程中必须严肃认真、一丝不苟，拒绝道听途说、信口开河、草率轻浮。

---

[1] 张颂. 播音创作基础（第三版）[M]. 北京：中国传媒大学出版社，2011.

真实是新闻的生命，是衡量一切新闻价值的首要标准，新闻不允许有任何虚构或想象，因此，作为新闻工作者的播音员主持人，其有声语言表达也必须是真实可信的。但由于种种原因，或由于理解感受不准，或语言功力不足，甚至由于"个性"的问题，都可能给人以非真实感，所以，我们不仅要做到内容本身是真实的，而且还要在表达上让人感到真实可信。对表达内容理解感受的深浅，态度、感情分寸的把握，声音的运用，吐字、气息的状态等等，都会影响有声语言的品格和可信性。

（三）对鼓动性的要求

大众媒介中的语言传播是有目的的传播，我们进行语言传播不是自我宣泄、自娱自乐，而是在进行信息传播的同时，传递情感、传播文明、批判不正之风，让社会更加文明进步，这正是播音主持语言鼓动性的内在要求。概括地说，鼓动性是指语言传播中所显现的感召力和感染力。

（四）对时代感的要求

播音主持语言的时代感是指有声语言表达所表现出的一定的时代氛围和一定的时代精神。

一般来说，在政治、经济、文化向前发展的同时，艺术创作必然是与时俱进的。"与时俱进"中的"时"主要指每一个认识主体所处的时代实践总体产生的时势。这一"时势"，不仅包括认识对象发展变化的规律，而且还包括推动和限制认识水平不断上升的历史条件。对于播音主持语言来说，时代感不是人为的，而是某一时代总体特点在有声语言表达上的客观反映，反过来，播音主持语言对某一时代有声语言的表达特点又有极大的影响和推动。

首先，播音主持语言特点与时代特点相一致。播音主持工作本身时代感就非常强，它以不断变化发展的多彩的时代生活为依托，以关注社会变化、服务百姓生活、崇尚健康人生为宗旨，及时报道、评析变革时代的生活现象，播音主持语言也紧跟时代，体现出时代的特点。

纵观广播电视播音语言的发展历程，播音语言具有鲜明的时代感。不同时期中国社会的发展特点和生存状态对播音语言有着直接的影响，不同时期的播音语言呈现出不同时代鲜明的印记。从某种角度来说，我们通过播音语言词语和表达方式的特点可以窥见社会某一发展时期的总体特点。比如，解放战争时期的"爱憎分明"，改革开放前期的"降调"和"提速"，无不反映了那个年代的时代氛围。

其次，播音主持语言的时代感是时代特点在播音语言上的客观反映，与此同时，它对所处时代的语言风气和语言品格也具有一定的引领和推动作用。借助大众传媒，播音主持语言可以对所在时代的个别语言现象产生放大、推广的效应。因此，传播主体在语言传播过程中既要顺时而进，也要辨识方向，认清哪些语言品格应该坚守、引领，哪些语言风气应该摒弃、遏制。

最后，语言传播主体要主动感受和把握时代特点及要求，与时俱进。尽管我们每个人在语言运用中会自然而然地呈现所在时代的特点，但作为语言传播的个体来说，应该主动地认识和感受这个时代的精神风貌和行业发展趋向，让自己的语言能力能够跟上时代发展的步伐和行业发展的需要，避免故步自封、墨守成规。

（五）对分寸感的要求

所谓分寸感，是指播音员、主持人通过对文字语言或节目内容的了解和把握，使有声语言的表达准确恰当。

分寸感要求播音员主持人进行有声语言表达时，对所传达的内容包含的政策尺度、内容主次、感情浓淡、态度差异、语体风格的区分等要恰到好处，分寸得当。

通常一提起分寸感，就会想到政策分寸，无疑，政策分寸的把握在语言传播中是非常重要的。播音主持语言的分寸感涉及的范围很广泛，从词与词、句与句、段与段再到篇章、话题、节目，都要有分寸感地把握问题，既要精准地体验生活和表现生活还需要把握好艺术分寸。

（六）对亲切感的要求

广播电视的语言传播是有对象、有目的的传播，它强调传播效果的最大化。如果它所传播的东西不为受众接受，那么所传播的内容就是无效的，是毫无意义的。在语言传播过程中，面对不同受众的不同特点、不同需求，有声语言传播主体应去了解他们，满足他们，杜绝不顾受众特点和需要的自说自话、自我表现、假装亲切。传受双方是平等的，播音员主持人一方面要积极真诚地与受众交流，满足受众的愿望和期待；另一方面也要担当起社会责任，不能为了收听率、收视率满足某些受众不合理的需求，应避免媚俗，这样才能满足更广大受众的需要。

三、广播电视有声语言风格类型

（一）作为社会媒介语言的风格

广播电视是一种以大众为传播对象的工具，所以其所用语言的社交性体现得最为广泛。

从社会语言学的角度来看，语言的差异常常是各种社会因素作用的结果。这些语言差异反映了语言客观现状和语言成分变化的双重表现。社会语言学恰恰是联系社会各方面的因素，从语言差异的体现以及它们之间的关系出发，探讨语言系统整体在社会生活中所处的位置与功能，还会有意识地运用其规律，服务人类社会。

广播电视语言通过电子媒介作用于社会交往，作为社会语言，它既受到各种社会因素的影响，也必然要遵从媒介特性的制约。在这种制约条件下所使用的语言，称之为媒介语言。所谓媒介语言包括报刊语言、广播语言、电视语言、网络语言、广告语言等等。媒介语言必须遵从社会语言的一般规律，譬如，在广播电视中使用全民族的共同语——普通话，能够发挥规范语言、统一文字、促进民族团结、推动社会进步、传承民族文化等巨大的社会作用，它所产生的社会影响非常广泛，以上这些方面反映出来的主要是它的社会性质。

但是，我们在使用这种语言时也不能不考虑它的自身发展变化规律，需要关注不同特性的媒介在语言传播和交流的过程中可能受到的各种干扰和影响。譬如，在不同技术传播条件下，媒介语言可能达到的清晰度和可懂度，以及不同媒介环境中有效的交流方式等等。特别是在全球化传播的语境中，使用何种媒介语言方式，才能够更加有效地与外部世界沟通，充分把握自己的话语权？这是在全球化传播的格局中不能不考虑的现实问题。因此，媒介语言经过现代技术的编译，很可能会成为另一种意义上的共同语——"地球村的共同语"。

（二）作为书面口头语言的风格

语言，大体分为口头形式和书面形式，在与"文字"并举时，语言只指口头语言，文字是指记录语言的符号。

口头语言，指人们通过自己的发音器官发出的表达自己思想和情感的有意义的声音，也称有声语言（与文字语言相对）、听觉语言（与视觉语言相对）、外部语言（与内部语言相对），也就是可以听得见的语言。有声语言是和无声语言（如文字）、内部语言（如思维）相对的。另外如沉默语言、体态语言，笑声、掌声等都在一定的语境中传递和表达着一定的语意。

当广播电视已经"延伸了人体"的语言功能，"分音节的有声语言"不再受到空间和时间的限制时，是否还需要由文字来重复记录这些语言符号呢？我们的广播电视在很长一段时间都无法摆脱"报刊模式"的影响，其中主要就表现在习惯使用书面语而忽视口头语的运用。在我们的广播电视中的确存在着"重文轻语"的现象，这种情况已经严重制约了广播电视节目的丰富和发展。譬如，广播电视新闻的独特优势是快捷、生动，但是我们的记者只习惯于用文字记录新闻，更依赖三级审查，最后再交给播音员播出，这既迟滞了新闻的时效，也没有反映出现场的实况，大大抑制了自身优势的发挥。再譬如，一些广播电视中的"直播"有其名而无其实，大多是一种直播"模拟状态"（如电视中使用提示器，广播中满足于口语化的"有稿播音"等等），一旦脱离了稿件，就出现许多极不规范的南腔北调，如所谓的"港台腔""洋泾浜""侃大山"等等。因此，我们迫切希望广播电视的传播者，无论是记者、编辑还是播音员、主持人，都需要锤炼和提高自己的口头语言运用能力。作为一种媒介语言，广播电视语言的本质是一种口头表达的媒介语言形式，这种口头语言形式不仅能适应电子媒介传播的需求，而且还能遵循广播电视发展基本规律。与此相反，报刊语言的主要特征表现为媒介语言的书面形式。可以说，不同的媒介环境就决定了语言和文字的不同使用方式。

当然，这并不是说广播电视就不需要书面语了。譬如，一些政府文告、经典的文学作品、广播电视精品节目等，仍然需要经过书面语的锤炼。书面语的朗读虽然也是一种口头语言形式，但它是服务于书面语言的。传统广播电视的有声语言主要就是指这样一种朗读表达手段。不能否认，朗读仍然是一种不可替代的艺术语言，它既具有美学欣赏价值，也是一种有效的传播手段，但要"摆脱报刊语体"的影响，不能只依靠朗读语体运用，还需要发展多种口头语体形式。

四、广播电视有声语言风格的属性特征

（一）创造性

播音主持的有声语言表达，是一种创造性的劳动。每一次成功的语言表达都浸透了语言表达者的辛勤汗水，也是语言表达者创造能力在语言表达中的体现。那种没有注意到语言表达创造性特征、没有注意到或者没有研究语言表达规律与技巧的人，难以在语言表达上取得成功。

创作主体，创作依据和受众的矛盾运动共同构成了播音主持的语言表达。其中创作主体是创作者，而文稿及其他创作素材以及受众为客体。从表达者与文稿（或素材、腹稿）之间的关系来看，表达者建立语言传播符号系统是通过主观能动性和情感力量来实现的。也就是说，按照有声语言与副语言（顺应听觉，视觉的接受规律）进行信息传递的符号系统将替代按照文字排列进行信息传递的符号系统。从表达者与受众（听众、观众）之间的关系来看，表达者对着话筒或者摄像机镜头说话时，听众和观众不一定总是在他们的面前，这使表达者的沟通受到了局限。语言表达的创造性，就是在这样的制约下表现出来。表达者应主动发挥想象，想象听众和观众在场，哪怕眼前没有人，内心却是坐满了观众，与想象的听众和观众沟通情感。

（二）情感性

情感是有声语言表达中最核心的支撑，是有声语言创作活动中的力量与来源。"情感"反映了人对客观事物是否符合自己需要的心理，反映了客体与主体之间某种关系。客体与主体所需之间的各种关系会产生各种感情，而各种感情会促使主体进行各种活动来满足其需求和要求。人的感情是社会历史发展到一定阶段的结果，这情感中间既包含了社会内容，又包含了社会意义。

有声语言，始终伴随着情感。有声语言表达，应该是人的情感运动的产物。只要将文字稿件（或腹稿）形之于声，就会有表态性，就会具有一定的态度和感情色彩。因此，有声语言的创造活动，离不开情感。

声音在有声语言表达中是由气息来支撑的，气息又是以情感作为动力的，气息跟随着情感的变化而变化。有声语言表达的情感，以态度和感情色彩等方式体

现出来。态度可分为肯定与否定、严肃与亲切、祈求与命令、客观与直露、坚定和犹豫等类型。感情色彩可分为爱憎、悲喜等类型。有声语言情感表达的样式应该是多样的，情感表达的样式在某一个稿件或某一个具体内容中，是十分具体的。虽然有一个主调影响着情感表达，但在主旋律上也有小的变奏。广播电视播音主持情感表达应遵循新闻真实性原则，切忌渲染和夸张，好的感情表达，应该是真诚、恰切、质朴的。

（三）时效性

我们常常看到广播电视传媒中的有声语言表达活动的创造时间十分紧迫，这是受到新闻的时效性的影响。表达者有时要即兴评述，有时要现场直播，来不及准备，这使得有声语言表达也具有了时效性。因此，表达者平时必须不断积累各方面的知识，提高应变能力和即兴表达能力。

（四）对象感

由于听众、观众在语言的传播过程中是不在主持人、播音员面前的，听众、观众的存在要依靠主持人、播音员这些传播者的想象，这就体现了语言表达过程中的对象感。传播者在想象中感应并抓住受众并与其进行沟通能刺激语言表达欲望。

（五）语境感

有声语言表达，是在一定的语言环境和背景下进行的。环境和背景的不同或变换，对语言表达有着直接的影响和制约。它涉及对语言表达感情态度的把握、声音语气的控制、语句词汇的选择等。表达者只有树立语言环境意识，才能从整体上驾驭有声语言的传播。语言环境，包括社会环境、言语环境、传播环境等。

社会环境，就是语言表达者当时所处的社会背景，包括政治、经济、文化、历史等同表达内容的联系。表达者应了解当时的社会环境，把握住它与表达内容之间的联系，以增加语言表达的纵深感。

言语环境，就是表达者说话时所身临的场景，或是在演播室，或是在办公室、会议室，或是在室外的建筑工地、运动场、农田等。这些不同的场景，对语言表达者是有不同要求的，表达者应根据不同场合调整和把握好自己的语言表达。

传播环境，是指语言表达者应了解自己讲的内容是在什么时间、什么节目中播出，是新闻节目、专题节目，还是对外报道，这些也都在不同程度上影响语言表达。

五、广播电视有声语言风格表达规律

（一）思维反应规律

思维是人类特有的精神活动。通过大脑皮层对主客观世界作出积极反应，既可以自己跟自己交流，也可以通过言谈、书写表达出来与他人交流。在没有与人交流之前，我们可以称思维是"具有交流潜在性的大脑活动"。播音主持通过有声语言和副语言反映主客观世界，实际上是播音主持创作主体的思维活动在起作用。思维过程的基础是表象、概念，通过播音主持创作主体的分析、综合、判断、推理，实际上是对主客观世界的一种提炼和升华。语言文字始终伴随着思维活动，当思维处于潜在状态时，未必能一一呈现相应的词语，而一旦要将思维活动在交流中表达出来，词语的建构就成了必须。有声语言和副语言传播是一种公开性交流，语言的呈现要求和思维状态基本同步，这是因为有声语言和副语言传播本身已经有了一个预想目的，思维状态不能脱离这个预想目的。

播音主持中的所谓思维反应，是指播音主持创作主体对于不同文本、不同语境经过自身思维运动后快速形成的一定的内心表达框架和外在表达形态。

这里重要的是思维有不同的反应，没有固定的模式。如针对有稿、无稿、录播、直播等各种情况，不同的题材、不同的体裁、不同的语境、不同的受众，需要有不同的反应，产生不同的思路、不同的文路、不同的表达方式。不论有无文字依据，都必须很快地联想到主客观实际，融入自己的感受、态度，同时应具备有层次、有主次、有重点的表达意识，无论具象呈现还是抽象认识，都必须围绕播出目的展开。

因此，从微观角度看，如遇到新闻播报、新闻评论、生活服务或综艺娱乐节目，只有对这些体裁特点和一般表达方式有一定的知晓度和分辨度，才可能产生较快的思维速度。从宏观角度看，广播、电视在有声语言和副语言表达上有不同

的要求。广播直播和电视直播,主持人的表达手段和表达方式也有不同的特点:广播无画面,有较大的想象空间,主持人可以对事实进行详细描述,听众不会觉得烦;电视有画面,直观性很强,不需要主持人再去细描,而要求主持人的话语有助于理解画面,也就要求更精练。

播音主持的实践告诉我们,思维反应能力可以指播音主持人对一篇稿件内不同变化的处理能力,也可以指不同稿件、不同节目栏目组合后的调节控制能力,还可以指不同媒介交叉使用后播音主持创作主体的应变创新能力。它实际上是对播音主持创作主体社会文化知识和语言表达能力的综合考验。

（二）词语感受规律

词语感受包括文字词语感受或内部语词语感受,因为从词语出声角度而论,两者是相同的。如"高"和"低"两个字,可以表示不同物体的水平程度。无论是看着文本说,还是脱离文本说,只有说出口的感觉和看上去、听上去的感觉一致了,才能说把不同物体"高"或"低"的不同程度表达准确了。

播音主持的基本特点是有声语言表达,但有声语言并非只是表达有声语言本身,还要表达主客观世界的变化。同时,主客观世界通过语言（文字语言或有声语言）这个第二信号系统或"中介"表达时,因为语言符号的存在,往往容易阻碍播音主持创作主体对它的感受。而忽略这种感受,语言就容易与主客观世界产生隔阂,失去它的生命活力。

词语感受首先是可感,在可感的基础上要求准确。所谓可感,就是要求将词语和现实生活中的主客观事物相对应,不仅感受它,还能形象地描述它,而不是只有词语的概念表述。如说到山高到什么程度,都要有具体想象、具体体会,然后再上口表达,只有真心感受,才能赋予词语以灵性。有些词语无形象,但一定有含义,你必须弄懂它,即使一些虚词,也要知道它在语用中的功能。

（三）对比推进规律

对比是一切艺术的审美规律,是克服审美疲劳的途径之一。央视青歌赛上女主持人一天换一身服装,这是在外表上的对比处理,所谓外在美。当年拍摄电影《庐山恋》时,导演也如此要求女主角,为此引来一些人的非议,今天看来已经不算什么了。其实从另一角度也表明,人们的审美眼光越来越高了。有声语言和副语言的对比，首先是内容带来的，但形式有时也反作用于内容。中国人喜事穿红，丧事戴黑，这是一种服饰标志，一种我们称之为"副语言"之一的服饰形式上的对比。有声语言的对比，主要有语气对比和节奏对比，语气对比表现在感情色彩是欢快、轻松还是凝重、深沉上；节奏对比表现在语调的高低和语速的快慢上。

（四）情声和谐规律

情声和谐最能体现播音主持艺术的特色。声音和情感是一对永远需要认真对待的矛盾，目的都是为了能有效、自如、完美地表达。思想感情的运动状态、分寸把握，又与声音处理密切相关，必须经常用"第三只眼"检查、审视自己，以达到完美表达的境界。

情声和谐，首先要调动情，情动、气动、声动。情动得有度，这个度要靠声来把握。练声的意义就在于将声音训练得能高能低、能近能远、能刚能柔、能实能虚，即所谓收放自如。情声如何能结合得完美？它依据的标准是什么？就是内容与形式。这样的题材、这样的体裁、这样的思想、这样的情感、这样的媒介、这样的语境，就该用这样的形式表达。表达是否到位，情声是否和谐，都得因时因地因事因人而定，只有播音主持主体和受众产生了共鸣，有了积极的想象空间，这条规律的作用才算得到了有效的发挥。

（五）呼吸自如规律

呼吸自如主要是针对播音员主持人在话筒、镜头前的用声表现而言的。它要求播音主持创作主体正确用嗓，以情带声，以气托声。让气息随着内容发展自主运动，不急不躁，不紧不慢，不喘粗气，不冒杂音、尖音。播音主持发声有两种常见现象：一是"只闻声，不闻气"，强调声音的响亮、坚实；二是"既闻声，又闻气"，强调声音的深沉、柔和。新闻类节目的播音主持，偏于前者，非新闻类节目，特别是文学类节目，偏于后者。具体运用时要根据内容有所侧重，或兼而有之。

（六）自我调检规律

自我调检是针对播出过程中播音员主持人表达状态的一种自我检查和自我调

整。如感情色彩的浓淡、音调变化的高低强弱、语节的疏密、语速的快慢，经过适时处理，使之更能符合文本主体的内涵实质，符合语境需要，也更符合接受主体的视听意愿。自我调检如同戏剧理论中的"第三只眼"，它并不中断播音主持活动，却要分出一部分精力，对现场发生的问题迅速予以纠正。

第二节　播音主持语言表达中的副语言风格

一、基于播音主持副语言的研究

（一）副语言的重要作用

1. 副语言承担传播功能

在电视节目当中，声音仅仅是传播元素之一，而画面同样担负着传播的重要作用，特别是主持人在画面上的一举手一投足都能吸引观众眼球。与广播、报纸不同的是，广播只有声音作为其传播要素，报纸是文字与画面的搭配进行传播，电视是文字、图像、声音的综合体，其中任何一种元素都承载着重要的传播功能。副语言视角下，这些元素都考验着电视节目主持人综合素质和表现。主持人的目光，动作乃至微表情等传播要素对节目内容都产生着重要的影响，从而影响着观众的观看心情与价值判断。甚至在很多新闻节目中，副语言传递的潜在意义非常深刻。比如《新闻联播》里，过年或国庆时播音员都要穿红衣服播音，这实际上是副语言内涵的表现，虽无明文规定，但播音员着装的颜色却显示着态度与内涵。若能充分利用副语言承载的重要职能，发挥副语言的传播功能，不仅使主持人和观众之间的心理距离拉近了，还可以使节目的传播效果进一步得到强化。

2. 副语言提升主持人的个性魅力

同质化是当今各行业共同面对的困境，综艺娱乐主持界亦是如此。节目同质化，主持人同质化，主持风格同质化等等，不管是哪个行业都不可避免地会受到同质化竞争的伤害。靠模仿，虽能得到短暂的注意，但自身的长久发展是难以为继的，甚至会误入歧途而失去自我。被同质化的主持人之所以会感受到危机是因为他在任何时候都可能被取代，而且这个更换是没有成本的，观众并不在乎一个同质化主持人的离去。相反，个性鲜明的综艺娱乐类节目主持人因其个性魅力早已成为栏目成长过程中的价值因素而无法轻易取代。就主持人这一职业而言，其语言、服装以及口语表达都成为竞争的一部分，并越来越白热化。但多数主持人都将副语言所起到的巨大作用忽略了。如果主持人重视起副语言的作用，他的魅力将会得到巨大的提升。

（二）播音主持副语言的表现形态

播音主持副语言表现形态，是指播音主持创作主体在电视屏幕中的发型、妆容、服饰、面部表情、神态、动作等。其中，尤以面部表情和眼神最为重要，因为它们和有声语言的表达密切相关。

不同类型的节目对主持人的发型、妆容、服饰有不同的要求。例如新闻节目主持人的发型、妆容、服饰应端庄大方、合乎潮流，体现时代、社会的精神风貌。

1. 发型

男播音员的发型设计和头形、脸形、年龄等都有关系，因人而异。女播音员的发型设计更需要和五官、服饰、体态相搭配。如高鼻子的人将头发柔和地梳理在脸庞的周围；低鼻子的人将两侧的头发往后梳，使头发与鼻子距离拉长。大耳朵的宜留盖耳长又蓬松的发型；小耳朵的不宜将太多、太厚的头发夹在耳朵上。宽眼距的不宜留长直发，头发可做得蓬松一点；窄眼距的发型两侧不一定要做得很对称。瘦长脸形且颈部较长的，宜采用两侧蓬松横向发展的大波浪发型；脸部饱满且颈部较短的，宜采用略长的短发式样，两鬓服帖，后发际线略尖。短小体型的宜留短发，留长发时在头顶部扎马尾或是梳成发髻，使重心上移；高大体型的宜选择中长发；溜肩体型的在肩颈部周围可以留丰盈的中长发。

2. 妆容

人的脸形根据"三庭五眼律"（发际至眉心、眉心至鼻尖、鼻尖至下颏三段距离等分，两眼间、内眼角至外眼角间、外眼角至鬓角发际间距离相等），也就是面部纵轴三等分、横轴五等分协调搭配。修容主要是对不足部位稍作修饰，让人感觉五官端正、轮廓鲜明、落落大方。

3. 服饰

由于目前电视摄像机只能在 20 : 1 的反差范围内有还原的效果，因而服饰颜色对比反差不宜太大。具体到个人，除了注意性别、年龄、体态的区别，更要结合节目宗旨，呈现出既与众不同，又让人有赏心悦目之感。

4. 面部表情与眼神

播音主持创作主体在使用有声语言传播内容信息的同时，也使用发型、妆容、服饰等副语言，它们是接受主体对播音主持创作主体的第一印象。而在传播过程中，接受主体的注意力能否被播音主持创作主体始终吸引，面部表情和眼神才是主要元素。播音主持创作主体内心的情感直接被它们表现出来。这是情景的再现，是对象感和内在语等播音主持内部技巧的直接表露。

（三）播音主持副语言的创作功能

1. 补充

所谓补充，是指通过播音主持创作主体的眼神、表情、动作等副语言创作，体现播音主持创作主体的情感态度，起到补充信息的作用。

2. 替代

替代是播音主持创作主体用眼神、表情、动作等副语言而非直接用语言（包括文字和声音）信息来表现内心活动，这样的表演比起语言信息更有感染力或者说服力。

3. 强调

所谓强调，是指播音主持创作主体有意识地运用点头示意等副语言来突出或明确表达内容。

4. 否定

所谓否定，是指播音主持创作主体通过眼神、表情、动作等副语言，表达否定的态度、情感。

5. 重复

所谓重复，是指播音主持创作主体通过眼神、表情、动作等副语言，表达肯定的态度、情感，以加深接受主体的理解和印象。

二、播音主持副语言风格的形成

（一）主观原因

播音主持副语言风格产生的主观原因是指属于播音员主持人自身的、直接影响个人副语言风格的各种因素。播音员、主持人性格特征、形象气质、审美品质和生活经历等都是副语言风格产生的影响因素。

1. 性格特征

播音员主持人副语言风格会受到自身性格的影响，并体现着自身的性格特征。例如，主持人李静的性格就像一个男孩子，常常风风火火，口无遮拦，她的副语言风格是特立独行的、率真的、俏皮可爱的，在主持《超级访谈》《非常静距离》《美丽俏佳人》节目时，她留着偏分的短发、看不到浓妆艳抹，身上流露出一种知性美的气质，在举止上少了同类型港台节目的随意性和调笑性，但也不失幽默俏皮，在内地诸多温婉女主持人中别具一格，受到广大观众的欢迎。很显然，一个主持人具备怎样的个性，也就具备了与之相适应的副语言风格。

2. 形象气质

播音员和主持人的造型有头型、脸型、五官、体型、肤色等很多方面，主持人在长相造型上的差异，也会影响衣着、发型、妆容等方面。播音员主持人作为公众人物，要将自己最美丽的一面向观众展示。人们的容貌虽与生俱来，却又能被精心设计加以修饰和美化。他们不同的体貌特征条件，也就决定了其造型打扮的优点和禁忌。比如主持人陈鲁豫是个大头型的人，但是个子矮，人很瘦，肩比较窄，节目里通常都会选宽松鲜亮的服装，露肩装并不合适她，她在参加某颁奖典礼的时候因为穿着不合适而受到媒体的报道，这说明主持人应该按照自身的形象气质来设计服装的款式和风格。

3. 审美品质

播音主持副语言美的产生过程就是副语言风格形成的过程。播音员主持人的不同审美品质在播音主持副语言风格形成过程中起着至关重要的影响。审美品质是建立在人的性格特征和形象气质之上的，但也受到文化修养、专业修养和思想道德修养等重要品质的影响。比如主持人董卿所追求的是端庄大气的台风，所以她的副语言风格也是大气优雅的。舞台上，她一袭满目耀眼的华美礼服，一对小巧玲珑、摇曳生姿的耳环和简单时髦的高跟鞋使她成了台上一道最为靓丽、又别具一格的景观。

4. 生活经历

播音员主持人活在社会上，并不处在真空之中，社会上的经验和体会无时无刻不在影响着他们，影响着他们的生理、心理，甚至会影响其播音主持副语言风格。比如主持人王小丫，从小生活在四川，身上就有着川妹子的爽、辣特点，给人一种敢说敢做的风格，同时她又有着南方女子非常细致的女性特点，有时候还很有些讲究。由此可见，播音主持副语言风格的形成会受到生活经历和社会实践巨大影响。播音员主持人应关注自身性格特点、形象条件，注意在过去生活经历中吸取经验和教训，找出自己的特点和长处，注重修身养性和道德情操的熏陶，使自己在一言一行、一颦一笑、一举一动上都能表现出特有的韵味和格调。

（二）客观原因

播音主持副语言风格产生的客观原因是指对个体副语言风格产生显著影响的因素，非播音员主持人自身的原因，其中有民族风格的影响、时代风格的限制、节目定位的限制等。

1. 民族风格的影响

民族风格在播音主持副语言风格中具有不可低估的制约力。比如沙特阿拉伯人信奉伊斯兰教，规定妇女必须头上戴面纱以掩面，传统约束使本国女主持人必须戴着面纱出节目，个别渠道甚至还规定她们蒙上面纱、只露双眼，还要穿着传统伊斯兰黑色罩袍、戴着手套，把浑身都裹起来。又比如，中国各少数民族都具有自己的民族特点、地域特点以及文化特点，这也会影响播音主持副语言风格，特别是用少数民族语言转播的节目和专栏，主持人常常穿上本民族服装，戴本民族的发饰并在台上作出本民族所独有的礼仪动作。综上所述，每个民族都有自己的民族特点和地域风情，这些都在潜移默化中对播音主持副语言的风格产生影响。

2. 时代风格的制约

不同时期的政治、经济和文化以及各个时期人民群众的实践活动、社会思潮、价值观念和审美追求等都强烈地影响着播音主持副语言的样式。比如服装款式和颜色的多样化在20世纪80年代被人们所追求，社会上开始流行套装、西服，而《新闻联播》女主持人则采用正襟危坐的方式播报，在衣服的款式上主要是选用老式西服里面搭配衬衣，西服的色彩主要是灰色以及浅黄色，衬衣的色彩比较艳丽，跟西服的色彩形成了鲜明的反差，但是没有其他的饰品，总体来说，套装的设计是简单保守的。由此可见时代风格在播音主持副语言风格形成过程中起着举足轻重的作用。

3. 节目定位的约束

定位是栏目的灵魂所在，它决定了一个栏目不同于其他栏目。准确清晰的定位是栏目具有生命力，在激烈收视竞争下媒体生存与发展，以及适应观众需求多样化等方面的需求。节目定位由受众定位与功能定位构成。

一是受众定位会对播音主持的副语言风格产生影响。一个节目在限定的时间内能够同时满足男女老幼各年龄阶段的要求，并且对社会各个群体的各方面要求都能满足，这是不可能做到的。因此电视节目根据受众年龄的不同而分为少儿节目、中青年栏目、老年栏目等等，根据受众兴趣和专业分为农业栏目、军事栏目、旅游栏目、戏曲栏目等等。不同的节目对主持副语言风格的相应要求也不相同。根据观众不同爱好所创办的节目中，主持人副语言风格也存在着差异，显然播音员和主持人在主持某一类节目时，副语言风格都会带着该类节目的味道。

二是功能定位限制了播音主持的副语言风格。比如一个以传播新闻为己任的栏目，其副语言风格是比较严肃和统一的，最具代表性的是《新闻联播》，男主持人和女主持人都是正襟危坐，平视画面，身体距离适中，无肢体接触，服装多为西服，节目背景画面简洁、直观、统一。由此可见，节目定位对播音主持副语言风格的形成，有着直接的约束力。

三、播音主持副语言风格及特点

（一）播音主持副语言风格内涵

播音主持副语言风格属于播音主持风格范畴，这一概念外延远小于播音主持风格，是指播音员和主持人进行播音主持传播时，长期使用副语言协助表达而形成的副语言特点、气质与风格。但是又由于播音主持副语言传播行为所具有的特殊性而使得它的特点更为显著，呈现方式更有特色。具体地说，就是播音主持副语言风格具有独特性、可感性和一致性。每一个播音员主持人具有自己的形象特征、性格特点、兴趣爱好、生活体验、立场态度、文化修养和审美追求，其传播时的语调、节奏、神态和动作均不相同，由此而产生的风格亦不相同。

（二）播音主持副语言风格特点

1. 共通性

副语言虽具有民族性，但也有许多共通性。副语言的共通性，表现为某些基本的语言信息可以使大多数不同民族、不同地位、不同肤色及使用不同语言，或有着不同文化背景的人们能够接收并解译出一致或接近的含义。这种共通性，一方面是源于人类衣、食、住、行、娱乐、交际等生理、心理上本能的相似性，另一方面是基于人类交流活动的社会性。在当前世界，地球已变为地球村，传播已国际化，卫星通信技术、数字化和网络化技术在广播电视中的应用使得许多电视台上星入网播出。因此，无论是中央台，还是地方台，播音员、主持人都不得不考虑传播的国际化、全球化。在表情达意过程中，应发挥副语言共通性的功能，拓宽交流内容，扩大交流对象数量。还可以利用这种共通性，弥补有声语言表达的不足，这种共通性就像"普通话"一样（不过它是天然的"普通话"），可以充分挖掘利用。

2. 民族传承性

副语言是一种社会文化现象，出自一个个地区、一个个民族、一代又一代人的实践创造和约定俗成。约定俗成也是一个传承与扩展的过程。横向的扩展可以说是传，纵向的延续可以说是承。副语言在传承过程中变异发展，一方面承接下来一部分，另一方面有一部分又发生变异，应防止一讲共通性就全盘西化，丢掉了我们民族的特点；应注意吸收民族的精华，将其继承下来，在副语言的表达中体现出民族性格、民族审美意识和追求。

3. 符号表意性

副语言是通过信息这一符号形态来传达与沟通。播音主持创作中要充分理解副语言表意符号性特征，并对其符号系统进行解析、确立与应用，对表意范围加以拓展，使传情质量得到强化，进而提升沟通水平。

4. 引导性

副语言就像语言，具有某种模糊度，这种模糊度由副语言随机性和任意性以及其内在矛盾性所决定。这一模糊性使得其在表意上显得比较不清晰和不确定，也使得其本身存在着一种朝着各方位发展的扩张性。因此，播音主持创作一方面应该看清这一模糊度并加强对其引导，尽可能让副语言变得清晰；另一方面又应运用这一模糊度随机应变，巧用其"修辞"作用。

5. 创造性

副语言符号系统在互动、变换、表意、表情等方面，无处不体现出任意性、随机性、可变性、模糊性等特点，这使得它具有较大可塑性。这种可塑性为播音主持创作中运用符号系统进行多方面的变换，提供了广阔的空间。创作主体应充分利用这一可塑性来营造符号系统在建构、组合、变换和表现过程中丰富多彩的场景。

6. 伴随协同性

副语言通常具有辅助、伴随功能，和言语交际共同组成了现实的信息传递、情感交流的途径。副语言与有声语言地位是同等的，彼此间相互渗透，二者不可能孤立地看待。在播音主持创作过程中，许多情况下都要求创作主体将两种手段统筹使用，做到有机的统一。应发挥副语言在有声语言表达意义上的辅助、强调、规范和反复作用，通常应防止冲突。例如，有些主持人自以为常伴笑容的交流状态就是所谓的最佳状态，这种状态比较合适于传播某些情感类的稿件，但是有时候播出某些事故类消息也保持笑容，会让信息传播的质量极大地降低。副语言和有声语言表达出来的东西在态度感情上不一致，就会引起受众的厌恶。

在某些特定场合，还可利用这一伴随性，借助副语言否定、调整语言信息及表达状态等作用，把有声语言中在当前无法或不便于表达的东西表达出来或隐射出来。例如，有些播音员主持人播得不对或者打结巴，就能用副语言如用面部表情来道歉，或者不好意思地一笑，以否定有声语言中不正确的内容表达来调整不正确表达所造成的紧张情绪。

7. 形象性

副语言符号在动作过程中具有强烈的形象性特征，如面部表情、体态动作等，一看就能明白、了解。这类图像具有可感性，便于意图直观表达，能快速直接反映语言表达的意图和本质。

8. 时空性

副语言不仅是在时间上、过程上能够有所体现，同时它的符号系统还可以在空间上集中展示。有时候有声语言要说出一长串文字才能够表达的某种含义，而副语言符号的某个动作则可以把这种含义展现出来。借助副语言空间展示这一功能来达到有声语言无法达到的功效，这样可以节省时间和提高工作效率。

四、播音主持副语言风格的类型

播音主持副语言风格各异，这是因为人们副语言手段有很多，主要有眼神、动作、姿态、服装、时间、空间、语音、图片和非语义类语言发声。这些副语言既可以单独形成某种风格，又可以与其他手段综合表达形成其他的风格。但是这并不意味着播音主持的副语言风格就是不可控的，一方面这是由于反映风格的副语言表达具有可视听性，在节目制作进程中可以进行观察和量化；另一方面，主持人的风格本身也有稳定性。由此，将播音主持副语言风格的种类具体分为沉稳简约型、亲切自然型、时尚大方型和纯真甜美型等四类。

（一）沉稳简约型

在播音主持传播中，拥有沉稳简约型的副语言风格的大多是播音员主持人，如白岩松、李瑞英、欧阳夏丹、林玮婕等，他们都是新闻节目播音员。他们的这种风格主要是通过简单正式的服饰和抑扬顿挫的类语言表现出来的。

人的体态的附着物就是指人身上的服饰。这些服饰分为服装和饰物，虽然它们既不属于人的身、手、眉、眼等外部形态，也没有独立的表情达意功能，但一旦附着于播音员主持人主体，就会有思想、有感情、有风格、有个性。它们与播音员主持人的身体姿态、动作自然融合，天衣无缝，整体划一，展示出播音员主持人的风格、形象，体现出符合受众审美需求的礼仪、健康。例如，作为新闻播音员的白岩松、李瑞英等人，在节目中着装严肃正式，配戴的饰物精致大方，绝不会过分夸张。这是因为新闻节目是严肃真实的，作为节目"脸面"与代言人的他们，其服饰的选择首先是符合自己的职业和身份的。其次播音员主持人的服饰应符合媒介及节目的需要，另外，播音员主持人的服饰还会符合自己的年龄、性别、个性及身材、肤色、脸型等外在条件，这样才会令观众在观看时更加赏心悦目。

（二）亲切自然型

具有亲切自然型副语言的播音员主持人主要是在谈话类沟通节目或者互动性强的栏目中发展和形成的，比如陈鲁豫、李静。这类主持人要使来宾放下心理防线而开怀畅谈，不仅语言要和蔼温和，从对方的角度提出问题之外，往往还要注意表情态度和行为举止等方面，场景布置也营造出一种温馨的氛围，让来宾感受到家的味道。

1. 会意的表情

播音主持节目里，播音员主持人的面孔，都可以通过自己丰富的脸部表情管理技巧来展现自己的身份信息、抒发内心的各种感情。我们还可以从丰富的脸部表情中了解到其年龄、性别、种族、情绪等信息。谈话类节目主持人面部表情应根据谈话内容和谈话者情绪的不同而变化，即做到心领神会。比如李咏对《梦想中国》的精彩演绎，就使得他常常在观众与节目之间建立一种紧密的审美关系。他有强大的煽情技巧，以充满感情的目光，建立起观众和来宾的交流。这种交流方式既是情感的美学价值所在，又是感情谈话节目主持人所采取的一种工作模式，它常常能够在感情交融上达到出奇制胜之效。

2. 舒适的空间

空间包括播音主持节目的座位安排、空间取向、领地观念和近体距离。谈话类节目主持人需要善于捕捉空间信息，才能使来宾"开口说话"。心理学常识告诉我们，交际双方各有各的一方天地，这是人类身体上的自然延伸范畴，同样也是人类感情与礼仪上延伸的范畴。谈话节目主持人和嘉宾之间通常都会保持社交距离来表现双方相互尊重、平等交流。如主持人和来宾靠在一起，就使来宾感到不舒服，出现"越界"的现象，而距离太远又会像在"隔空喊话"。比如谈话节目《鲁豫有约》中主持人陈鲁豫和来宾分别坐在沙发两头靠中的地方，这是平等的社交距离，来宾们心理并没有因为太过亲密而尴尬，也不因为距离太远就游离出来，这是比较宽松和自然的境界，由此可见谈话节目里"平等"关系有多重要。另外，主持人也要掌握好自己在空间上与观众的距离和方位，比如两个主持人共同主持一个节目，通常主持人与来宾是斜靠在观众面前坐着，这就使前方视野宽阔，互相沟通也十分方便，并可被广大受众所看见，符合观众平等观赏和开阔视野的心理要求。

3. 适时的道具

可以通过添加道具增加栏目的亲切感，拉近嘉宾之间的关系、观众的关系并促进栏目的开展过程。它们通常都和节目主题、立意有直接关系，不过有时只是出于美观等的考虑。为了配合谈话内容而使用的道具都和节目本身有着密切的关系。比如有些氛围比较宽松的谈话节目，在主持人与来宾交流时分别放上一杯清茶，一边喝一边聊天，多是为创造一个比较舒适温馨的氛围，使来宾与听众都能融入谈话的场景之中。

当播音员主持人塑造起和蔼自然的副语言风格后，就可以迅速拉近同来宾和观众之间的心理距离。因为不管客人、观众是什么身份、出身什么阶层，他们总归是平凡的人，都会厌倦困窘难堪的处境，享受着安逸温馨的环境。为了和他们实现心与心之间的沟通，就必须使主持的氛围尽量自然和蔼可亲，当来宾紧张时报以热诚的笑容，而不好意思时则送出好感、了解的目光，给来宾一个舒服的交谈空间，适当利用一些道具调节氛围，这样来宾才会觉得自己可以信赖，然后才会敞开心扉。

（三）时尚大方型

时尚大方型主持人如何炅、华少、孟非、撒贝宁等。他们在综艺节目主持的长期实践中主要是面向年轻受众，他们在穿着打扮和言谈举止上都偏向于时尚、张扬、热情大方，在节目中他们的身体姿态丰富，身体接触频繁，而且在节目时间的把控上迎合了年轻观众的喜好。

1. 丰富的姿势

电视节目中经常用到的体位就是站姿了，一般来说主持人站姿过程中身体各部分处于松弛状态而非僵直状态，但需要注意的是此处的松弛并不意味着松懈，而只是一种调整。当然，除这一常用姿势外，主持人还有走姿、跑姿、蹲姿、卧姿和躺姿。比如有的节目（《非诚勿扰》的主持人孟非，《开讲啦》的主持人撒贝宁），主持人并非从一开始就已经出现在台上了，而是当开场音乐响起的时候，才随着节奏登上或者跑上跑下，这些都是为增加节目的新颖度和可观赏性设计的。节目的主持人有时候会因为主持环节的沟通交流需要而上台走动或者蹲着。不论是走路还是跑步，蹲下来还是跪下来，均要求主持人根据具体情况，掌握好度，在走路时表现得胸有成竹，稳重而有信心。男主持的脚步应刚劲有力，女主持的脚步端庄、大方；跑步时应表现出精力充沛，阳光活力，蹲下时背脊要直立，臀部必须蹲下，切忌弯腰翘臀，应以腰背合力托身，男士两腿间可留有适当的缝隙，女士则要两腿并紧，穿短裙或旗袍时需更加留意；单膝跪时右脚向前、左脚向后，右小腿与地面垂直，左膝触地，左足跟提起、足尖落地。

2.频繁的身体接触

在大部分播音主持节目当中,中国播音员和嘉宾们在舞台上的身体接触普遍比较少,但是相对来说,对年轻受众群体进行传播的播音员比如何炅、谢娜、汪涵、欧弟等主持人要比其他类型的主持人身体接触要多得多。众所周知,为达到较好的节目效果往往会在必要时"亲自上阵"和来宾拉手、拥抱录制节目。其中有一些人已结婚生子了,这种亲密关系在中华文化传统观念里违背了道德礼仪,但发生在这些人身上却为人容许。

(四)纯真甜美型

少年儿童多是这类节目的传播对象,因此节目播音主持往往会模仿儿童类语言习惯、流露出天真烂漫的神情以及设计出有趣可爱的外形,比如《大风车》的主持人鞠萍和董浩,形成了一种贴近儿童审美追求的天真甜美风格。

1.天真的表情

像鞠萍和董浩这样的主持人,他们表情中最明显的特征是天真和稚气十足。尽管有一些游戏在他们看来非常简单甚至略显幼稚,但在和小朋友们一起玩耍时,他们却能用孩童般的神情展示出对节目的热爱,使幼儿认识到主持人已经全情投入游戏中,这样使幼儿更容易投入节目的录制中。

2.童趣的造型

天真烂漫甜美类型的主持人一般会把造型设计得富有童趣,通常他们的服装色彩艳丽,以红黄蓝等亮色为基调,再配以一些小饰品,在化妆上以淡雅为基调,不宜浓妆艳抹。女主持们还可以尝试将欢快的元素融入发型中。比如,会扎些精美的小卡子和发绳,让主持人整体精神面貌充满生机和活力,看起来青春靓丽。所以在造型设计上迎合小观众的偏好,保留童心与童趣,让播音主持人塑造清纯甜美类型的副语言风格。

播音主持副语言风格种类繁多,好的播音员主持人有其副语言风格特点,被观众所记住,形成其艺术特色部分。

第六章　播音主持语言表达的个性化塑造

语言是一个人综合能力的表现，只有拥有个性化的播音主持语言表达风格，才能为听众或观众所喜爱。本章为播音主持语言表达的个性化塑造，依次介绍播音主持语言表达的声音个性、播音主持语言表达的思维训练、播音主持素质修养与语言表达、播音主持语言表达的心理建构四个方面的内容。

第一节　播音主持语言表达的声音个性

一、播音主持发声特点和能力

（一）播音主持发声特点

这里所谈的播音主持发声特点，是播音员主持人在文稿播读、即兴表达时的一般发声特点，即多数播音主持都具有的发声共性特征。

播音员主持人用有声语言进行表达，要依靠发声器官发出声音。播音员主持人使用的声音与一般人的声音有所不同，给人的感觉是发音更为动听。究其原因，除了播音员主持人自身的声音条件大多比较好以外，还与他们使用一些发声方法美化声音有关。

这种在发音时对喉部进行适当调整，以取得较好声音的做法，被称为播音发声或播音用声，有时也被称作"喉部控制"。在理解喉部控制时，如果仅从字面认识其含义，强调对喉部进行控制，发音时有意识加强喉部力量，反而不易获得放松和动听的声音。在接触和使用"喉部控制"一词时，要正确理解其含义。

播音主持的发声特点主要体现在声音的音高、音质、音强和音长上。这四个要素是语音所具有的基本要素。它们是物理学声音四要素——音高、音质、音强和音长，这四个要素在语音听感上的体现都与喉的活动有关。

与其他艺术语言相比，播音主持在发声上更接近人们的日常口语发音。播音主持在发声上具有音高适中、音色柔和、音量不大和发音时间较长的特点。

不同的发音方式对这四个声音要素有不同的要求。各种艺术化的语言，如歌唱、戏剧表演、话剧表演等，对声音都有自己的要求。例如，歌唱对音高有要求，不同声部的歌唱演员要具有该声部要求的音高范围；话剧演员为适应舞台需要，要求演员的声音具有穿透力，有较大音量；不同戏剧和戏剧的不同行当、不同流派，对声音音色有不同要求。

播音主持的发声特点，是由播音主持工作的性质、播音主持使用的工具及表达方式决定的。播音主持是一种传播信息，表达感情的语言活动，其主要功能与生活语言接近。日常生活口语交谈中，人们使用放松的声音，这种声音具有音高适中、音色柔和的声音特点。播音员主持人多借助电子设备发音，声音可以被话筒等电子设备放大，因此不必使用较大音量。播音员主持人的表达多以节目形式出现，节目时间往往较长，播音员主持人的连续发音时间比一般口语交谈要长。

（二）播音主持发声能力

在发声能力上，播音员主持人应当做到音高错落有致，音色虚实结合，声音色彩丰富，变化自如，以适应各种表达方式的需要。

播音员主持人发声能力，就是指一名播音员主持人，为了完成本职工作而应该具备的运用声音的能力（更是在专业学习中应通过培训来实现的一种能力）。播音员主持人在其作品中一般都要涉及各种各样的语言材料，所表现出来的感情色彩更是五花八门。播音员主持人要有运用多样声音变化来表现自己的能力。播音员主持人的发声能力主要体现在以下几个方面。

一是音高的高低变化能力。播音员主持人声音应当具有高、中、低多层次音高变化。二是音色的虚实变化能力。其声音应有虚、虚实、实多层次音色变化。三是音量的大小变化能力。其声音应有大、中、小多层次音量变化。四是发音速度的快慢变化能力。包括吐字快慢和语速节奏的多层次变化。

在具备这些声音变化能力之后，播音员主持人还要将这些单独的声音变化能力转化为与表达内容和感情色彩变化相协调的声音综合变化能力。这种声音综合变化是结合了音高、音色、音量和速度等多个要素的声音变化，可以表达语言中更为深刻和复杂的感情色彩。

在播音员主持人的一般的语言表达中，会使用声音对比作为感情表现手段。由于播音员主持人使用的话筒等电子传播设备具有放大功能，这种声音对比往往是细微的，并非一味使用较强的音高或音色对比变化，或者较大的音量和音长对比变化。但是，较大的音高、音色、音量、速度变化有时可以产生强烈的对比效果，是增强语言表现力的重要手段。因此，播音员主持人不仅应当具有声音的细微变化能力，也应当具有较强烈的声音变化能力。

如今广播电视节目种类繁多，在不同的节目中对于播音员和主持人声音的要求是不一样的，同时每一位播音员和主持人对于声音的运用不一样。播音员主持人在把握播音主持一般发声特点的同时，也要结合节目的需求以及个人的风格灵活地运用声音。

二、播音主持声音个性

（一）播音主持个性化声音的艺术之美

个性化声音所具有的特殊魅力，不仅仅是音质的差异，更在于播讲时多元化情绪的表达方式。读李白的《将进酒》，情感是慷慨激昂，情真意切的，要将"奔流到海不复回"的气势表现得淋漓尽致；读柳永《雨霖铃》就是含蓄婉转、低吟浅唱来抒发悲凉之情。带着情感的朗诵，不只是抑扬顿挫之语调，还需要融进真情实感、以自身特有声音将内容呈现出来。对播讲者来说，声音的表现力是至关重要的。富有特点的声音可以加强表达的感染力，使听众更容易接受诗句里的信息；而声情并茂的朗诵正是个性化的嗓音最好的表现。开展播音创作是为了向更多受众群传递信息，而独具魅力的个性声音能够吸引更多的观众，主持人要尽量完美地表现个性声音，全面地焕发出它的魅力。

（二）个性化声音下播音艺术风格不同

播音主持艺术的风格是播音员主持人自然流露于播音作品之中的创作个性。由于他们在生活经历、思想水平、艺术修养等多方面的不同，也导致了他们在声音上的差别。主持人声音太高，听起来做作、不真诚；声音越大越有沉闷之感。

优秀的播音员主持人，要用娴熟的声音技巧，个性的表达风格，把文字稿件变成充满生命的话语，传达并感染观众。

1. 新闻播音风格中的个性化声音

央视《新闻联播》节目里罗京的嗓音别具一格。其播音时字音主要在口腔和鼻腔内产生共鸣，但是捎带鼻音这种特殊的读音方式并未影响其对文稿看法、态度的呈现，相反却形成了罗京风格的个性语音，塑造出稳重大方、庄重严肃、掷地有声的播音形象，同时，也有着其本人对播音这门艺术的独到的诠释与新的建树。

2. 生活服务类播报风格中个性化声音

前北京电视台《城市》节目主持人刘元元的嗓音带着浓浓的"京味儿"，说话速度也很快。我们往往以为主持人都应当有一口标准、规范的普通话，然而刘元元个性化的声音却受到了节目观众的欢迎。她特别喜欢用京城百姓的目光、心理与语气"说干就干，掰理儿"，所以她的主持常常给人以耳目一新之感。她那"京味儿"这已成为她主持风格上的象征。

3. 自媒体节目中的个性化声音

前央视《财富会》节目主持人王凯在传统媒体里播讲时，嗓音吐字清楚，字字铿锵，厚重而有力量。他自媒体兴盛之时"下海"经商，创立个人品牌《凯叔说故事》。由于主要观众是孩子，所以他改变了过去播报的模式，以层次清晰而富有节奏感的声音，用贴近向孩子讲故事的语速和语调状态，将"播新闻"转变成了可控的亲切"说话"，这是声音大众化、口语化在新媒体节目上的集中表现。

（三）播音主持声音风格个性化的误区

个性化声音并非只强调播音员和主持人对"随意的""自我的"或者"张扬的"声音的追求。"播音"语言的"三性三感"是个性化的声音建立的基础：对稿件有深刻认识，有特定情感，形之于声，及之于观众，不能有失客观，毫不顾忌观众，不能纵容个人主观情绪，全凭喜好发声。播音员主持人的个性化发声，不应该为了突出发声风格，而忽略了节目形式与内容规范。观众不是来观看主持人个人秀的，他们看节目是为了获取有益的资讯。主持人在进行传递时，要对节目内容与内涵给观众进行正确解读与分析。个性化的声音应该是"量体裁衣"，适应节目的需要，从而有意识地摆正个性化声音和节目之间的关系。

三、制约播音主持语言个性化表达的因素

播音语言表达中的人格，是在时代性语境中存在的，人格并不具有完全的抽象人格。个性是建立在人身上的，而人又是生存在自然之中、社会之中，所以个性需要包含在特定语境下人与人之间的一种关系之中。个性展现也是一种能力，有声语言的声音个性展现的制约因素主要有以下几点。

（一）对文字语言的感悟力

在同一种文字语言面前，在文字符号自身的含义、符号组织的含义和符号表达的含义面前，我们应该运用脑力去领悟，运用心力去感悟。因每个人的性格特征不同，生活体验的差异，思想认知的差异，导致了对书稿认识、情感也不一样，既有角度不同，又有水平高低之分。通常情况下，那些对于人生、对于自然具有较强感悟力和良好语感的人，对于词语的意义、认识、感受就会更加敏感、强烈、准确和深刻，即善解人意、善解自然意和社会意。独特的书面文字感受是有稿播音彰显声音个性的先决条件。

（二）声音形象的塑造力

这里包括用声的适应能力、及时调解能力和整体驾驭能力。

1. 用声的适应能力

在声音训练中会给予吐字发声以理论上与实践上的提示、指导，如对呼吸、口腔、喉部及共鸣等基本控制。但归根到底，对声音进行训练并不在于寻找某种与表达相分离的固定形式，而在于扩大发声能力和获得声音弹性以最大限度地进行表达。声音的调控与应用应与不同稿件、环境、时空需求相适应，声音变化有音高、音色、音强、音长等，有轻重缓疾、抑扬顿挫。语气的转换是最核心的表达方式，这种转换主要取决于气息状态的转换，并辅之以共鸣器官如口腔的转换。这种适应性与变化能力，恰恰就是体现了声音的个性。

2. 用声的及时调解能力

播音创作中，对语言的行止变化，要了解其逻辑脉络，体会其间情感线索，之后在具体使用有声语言表达时，展现出其中的辗转变化，这就需要适时的调解力。个性化表现为调解的时空选择以及特定的调解方式。具体办法当然是在声音的形式之中去寻找。

3. 用声的整体驾驭能力

在了解、感受到个性化之后，就应该通过声音来表达。播音时，还要边理解边感觉，边形之于声。既要对特定场景进行描摹，对特定观点进行表达，还要做到心中有数，要对总体的轮廓有较为清晰的脉络，对播音的目的和宗旨了然于心。这不仅表现了作者的思想感情，而且清楚地表现了他的情绪、态度，这使有声语言创造主体的主体性进行了充分发挥，对有声语言声音的人格进行了充分体现。

（三）情、声、气关系处理不当

第一，过分注意声音和气息状态会影响感情表达。在播音主持创作时，无论是即兴表达还是文稿播读，过分注意自己的声音和气息状态，注意力就容易分散，会影响情绪体验，造成表达平淡。自信心是创作的基本条件，要相信自己的声音和气息。

第二，忽视情感在表达中的作用。"忽视情感"，是表达不准确、不深入，甚至出现错误的重要原因。如果不注重平时的思想和学识修养，在即兴表达中很容易流露出不正确的个人情感，表现为观点的偏激、无知，语言不得体，内容混乱等，在节目文稿的播读中会很难体会作者的感情，从而影响效果的传达。情感来源于世界观、人生观和价值观，来源于生活态度、道德水平、生活阅历、沟通愿望……没有积极的人生态度，缺乏积极的情感，会漠然对待周围的事物，无法产生情绪体验，语言会单调乏味、平淡无味。

第三，缺少形象化的内容体验。情绪来源于对具体事物的感受。首先要有可以感受的形象，有感情的语言来源于具体感受。在语言感知中，一定要伴随形象感受。有形象的感受才是具体的，声音才会随之发生变化。

第四，过度的形象体验会影响表达速度。播音主持创作时，需要一定的形象体验来帮助其感受和体验文稿中蕴含的情感，但是过多的形象体验会影响表达速度，造成语句拖沓，显得肤浅做作。因此，应根据需要，对形象体验进行删减，突出重点，弱化非重点。

第五，缺少气息和声音变化的能力。气息和声音变化能力，是我们表达的基础，要通过各种练习掌握声音变化的技巧，不断开拓声音的变化"阈限"，拓展变化能力，增强感情表达的基础。练习时，要培养自己感情与声音相结合的意识与能力。

第六，忽视对象和环境的影响。主要表现为在播读中眼睛只盯着稿件，忽视播讲对象和播讲环境的差异。这里的"对象和环境",是指实际场景和虚拟场景中的传播对象和传播环境。如果是实景和无稿的即兴表达,播讲对象容易形成,播读则容易忽视。

四、播音主持话筒前状态的塑造

(一)保持正确的话筒前状态

播音员主持人话筒前状态好,可以将准备充分的语言内容非常自信地表达出来,甚至超常发挥,即使遇到较急较紧的稿件,也可以播得沉稳,应付自如。可见好的话筒前状态,能使注意力高度集中,保持大胆、积极、振奋的状态。好的话筒前状态,能使播音锦上添花;不好的话筒前状态,则使播音功败垂成,所以说,话筒前状态是播音员的基本功。

1. 思维

凡有过直播锻炼的播音员有个共同特点:从不敢放松备稿,只要不播出总是稿不离手,口中念念有词,稿件多熟也放不下,一直保持着紧张振奋的情绪,直到播出为止。根据心理学的研究,人在内在紧张时会抑制人的心理作用过程或激活心理作用过程。播音创作中出现懈怠是最要不得的,而适度紧张又是一种积极心理活动的需要,过分紧张则造成内心压抑与精神上的劳累,因此,在正式节目中保持适度紧张十分必要。这里讲求的是"紧张度",什么事都要适度得体才是最好的,过了就达不到应有的效果。

直播之所以能够让播音员思维得到锻炼,是因为直播让播音员不得不在对稿件的理解感受上下功夫,由于播出的时候播音员在话筒面前的精神状态也是高度集中的,所以要保证文稿条理清晰,对作者意图领会准确,文稿内容层次分明,文稿的目的像红线一样引导内容,思想感情紧紧围绕文稿具体内容变化,即便是放下文稿还可以重述内容梗概。播音员只有具备这样明晰的思路,很自然地转化为播音中特有的感觉,再加上在话筒面前灵活适应力的磨炼,播音起来才胸有成竹,充满自信。

2. 知觉

人的知觉活动会在不同程度上与某种情感活动相伴而生,播音工作更与情感活动密不可分。一名优秀播音员，一定要有强烈的情感知觉。由于人的情感极为丰富、复杂，播音工作又要体现有着优秀品格的人的思想境界并报道其感人事迹。播音员若是情感淡漠，则完全不能胜任播音工作。只有感情丰富了，才能产生良好的知觉效果。当对客观事物进行感知时，就能很快地诱发内在的感情体验，并产生与之相适应的感情来驱动丰富的想象、联想。想象和联想的开展则使情感活动内容更加丰富，层次更高，播放出更动人的作品。

创作者的意图明确、内部技巧又娴熟，能迅速地捕捉到最期待收听、收看这方面内容的受众心理，所以能引发出强烈的播讲愿望，一吐为快；此时的精神状态是积极的、振奋的，情绪酝酿是炽烈的；机体适度紧张，内部生理变化表现为：呼吸加快加深、心搏加速加强、血管舒张、血液含氧量增加；心理变化是自信，对取胜充满信心，对内容充满了兴趣，所言积极由衷。外部表现形式：声音自如，神态轻松，又全神贯注。

3. 注意力

从呼台号、报题目、播开头，播音员就要全神贯注到稿件中去，与稿件同呼吸共命运。依语言内容起伏，引导着受众体会领略，想稿件所想，急稿件所急，依语言内容起伏跌宕。对于播音伊始不容易进入稿件内容，而需要渐渐才能进入所播的内容中去的播音员，则要付出一定的努力，使其从呼台号开始，就把注意力牢牢地稳定在预期的目的上。

新闻直播是现在的各地方电台、电视台大都采用的一种播报方式，而且新闻节目大多时间紧迫、稿件紧急且要求按时播放，这样就增加了播音的难度。这也是播音员是否能胜任新闻直播或者录音任务，衡量播音员是否称职，是否具有较高水平的尺度之一。为了高质量、高水平地完成新闻播报，除了对自身专业技能的大量训练，还应当特别注重注意力的训练。注意力的训练方法有很多种，比如让学生或者新来的播音员专注地倾听一个故事或者消息，再让他们细细重述，这里应根据需要进行训练，让学生边听边记重点句子，理清层次，理清情节发展提纲并以自己的语言加以复述，还可要求新播音员在相同的时间领稿，限时准备并回收，再要求每人写下或重复领取的稿件内容……这些方法能锻炼和调整自己的注意方向，使注意力保持稳定和集中，提高抗干扰能力。再比如，将一两条临时稿件加进每次的播音训练中，这类具有临时性和突然性特点的改动，对于集中注意力训练是十分有益的。

播音员自如驾驭把握自己的注意力，对于播音创作是很重要的。要维系注意力，一个是自身的状态。有些播音员自己没有播讲愿望就照本宣科，让人听来乏味。只有自身的状态积极、兴趣盎然、主观能动性充分调动起来，在这种状态下能够最容易且稳定持久地保持自己的注意力，而且还能让播报富于感染力。另一个是内容与表达。内容若是单调呆板，或生吞活剥，注意则难以稳定，若内容是丰富变化的，则容易抓住受众的注意力。

（二）话筒前的姿势体态及其他

播音员主持人如果对自己在话筒面前的姿势体态不够注意，还会影响工作的状态。例如，有的播音员一边播音一边哆嗦腿，有的播音员把上身趴在桌子上，有的播音员下意识地用脚打拍子，还有的播音员在播音时，一手捂住耳朵等，由于姿势不当，影响声音，气息不能畅通自如。

电视屏幕前坐姿要正，稿件、人体、头、腿要成直线，有时为了构图美观也可采用侧坐，侧坐也要成直线，要有精神劲儿，腰眼要挺，头不要有规律地摆动。胖人坐时胳膊可以稍收着点贴近身体，使图像呈收势，不给人以太宽的感觉；瘦小者坐时把胳膊在播音台前稍扩开些，图像也可显得饱满舒展些。

屏幕前需要稍稍注意嘴的动作不要过大，也不能为了美不敢张嘴，甚至连字都吐不清晰，那样就会失真、做作。女播音员要注意不能抬头总是笑，可以因内容的不同而流露笑意，呈兴奋状态就可以了，更不能假笑或笑出声来，即使播音员性格开朗外向，在口播新闻中还是以端庄、含蓄为好。

话筒前用声力度，是一个很值得讨论的话题。电视播音不同于电台播音，广播电台新闻播音较电视台新闻播音语言力度略胜一筹，电视新闻由于画面图像较多，观众收视距离较近，因此用实声居多，控制性强，使用实声在收视时能够达到声画交融的效果。

在屏幕前播音还要寻找一下镜头前的自我感觉，坐在播音室面对摄像机，要意识到这是面对观众播讲，视线所及处好似看到了观众们期待的目光。技巧娴熟的播音员一看镜头，顿时眼神发亮，有了聚焦点，"看到了"观众，神态自然松弛，自我感觉良好，自然就能赢得交流的主动权。

（三）无稿播音时正确的话筒前状态

1. 态度端正

状态问题，首先就是态度问题、定位问题。所谓态度端正是指在无稿播音中要理清创作主体——播音员主持人，创作客体——观众，创作依据——素材提纲或者内部语言之间的恰当关系。清楚地认识到自己作为传播者的任务和创作的正确方向。

定位是指创作主体清楚地认识到自己同受众、同节目之间的联系，不能离开具体节目单纯地展示自己。在广播电视节目里，自己和受众之间是一种朋友、一种平等的沟通，不卑己尊人、不高高在上。

2. 沉着自信

无稿播音时话筒前紧张怯阵和束手束脚的不良状态与创作者的不自信心理和消极应对状态密切相关，所以沉着自信的内心和积极能动状态对无稿播音创作至关重要。

3. 逻辑清晰

无稿播音最为关键的一步是让外部语言取代内部语言。内部语言是片段性、简略性的语言，有时候一个完整的句子乃至一系列的含义可以用一个单词或者词组来代表。当内部语言外化为外部语言时，通常需要依据这个词或者词组来铺展语言链条，需要播音员主持人遣词造句、从点到面，在步步拓展中，将逻辑清晰与思维统一。

4. 体察受众

有稿子也好，没稿子也罢，播音创作的终极目标都在于由己及人而非对着空气发音或自言自语、自我欣赏。

就独白性口语而言，创作者要想象并感受物体的存在以及物体的反应，要在这些感受中认识观众的心理、需求、欲望、情感等，并时刻依此来调动他们的思想和情感，仔细体察观众。

就对话性口语而言，作为创作主体就得与对手或者观众创造一个好的、共通的语言环境，就得与大众共同谈论着同一个问题，而非自说自话、无视他人，损害语境整体性，这会使传播效果得到极大弱化。

5. 声情并茂

声情并茂是要求大家无稿播音时所说的、所感受到的情感，要拥有真挚充实的情感和强烈的欲望，避免敷衍了事，漠不关心或者单纯应付而流于形式。这种充实而浓烈的情感具有"外射性"，作为我们心灵的基础，驱使我们用外在的有声语言来表达、流露。然而情感没有达到，便无法产生"外射"之需，若硬要表达、强迫表露情感，则有违"情之所至"之原则，势必导致"虚情假意"。

6. 自我调检

自我调检是指自我调整和自我检验的总称或缩写。说话者由于目的、内容、环境和对象等方面的差异，往往需要对自身的心理和语态进行调整来满足传播自身的需要。表达过程中，这些因素时刻发生着调整，调整时，应同时检查调整的恰当性和准确性。一旦发现不妥和不准确之处，就需要重新调整。自我调检涉及内在与外在、生理和心理、气息和声音、情感和技巧、主体和客体等各方面相互关系。当然，它也包含了创作者的眼神、表情、姿势、仪表、衣着等副语言系统。创作者运用自我调检的方式达到整体和谐。

（四）播音主持声音艺术的运用

我们在研究、思考的时候，常常会无意识地与生活相背离，与自然相脱离，所以要有回归的必要，要保持不断地尝试回归自然与生活。回归生活，并非对生活中发声与语言表达的特定样态的模仿，找到语言表达与心理依据之间的联系才是回归需要探寻的内容。回归到寻常生活中的声音样式，是艺术高于生活的表现，而非脱离生活。要更加深入地回归生活，去感悟人生之真谛、深化人生之经验、追求人生之精髓。

个性从何而来？个性是与生俱来的，来自先天禀赋和养成环境。个性也是后天动态地表现出来的，它与人类活动有着密切联系。所以，为了体现有声语言的声音个性，我们应该唤醒天赋的发声能力并将其充分运用，我们应该回归生活，深入生活，贴合语境并抓住人们关系的脉搏。在有声语言中个性化的声音，应在实践中形成并在实际交流中得到锻炼。有声语言中声音的个性化取决于不同表达主体、表达内容、表达对象以及环境等因素，而个性得以彰显的根本所在正是内在目的以及思想情感同声音外形之间的融合。我们应该在现实播音创作的声音个性呈现环境下形成一种习惯，应该不断回归生活，深入生活当中去。生活实践，是有声语言中声音个性得以彰显的根源。

首先，注意语气腔调。声音是有颜色的，这个颜色就是态度，话一开口，唔唔哼哼，一副漫不经心、我知天下的傲慢态度，于无声处失风范，未入正题已疏远了交际距离。其次，注意遣词造句。声音是艺术，语言更是艺术，语言靠声音传递，声音以语言展现，片面追求"语不惊人死不休"没有必要，但遣词造句还是马虎不得。最后，注意情感色彩。声音是有感情的，有时一句个性语言表达，往往会起到一鸣惊人的效果。

第二节　播音主持语言表达的思维训练

在广播电视的信息传播过程中，播音员、主持人是以信息传递者的身份出现的，他们通过有声语言和副语言进行传播活动，因此，播音员、主持人的创作活动最终是通过有声语言来实现的，有声语言表达质量直接关系到信息的传播效果。因此，在播音员、主持人的选拔过程中，对语言的感受、理解和表现是最起码的一个条件。语言是思维的工具，抽象思维活动必须借助于语言，不能离开语言而单独进行。思维是语言的基础，思维发展水平有多高，语言的发展水平就有多高，没有了思维，语言工具也就失去了存在的价值。

一、语言和思维

（一）语言和思维的概念

1.语言的概念

语言是人们交流思想、进行思维活动、传情达意的重要工具，播音员、主持人的工作从某种意义上说就是对语言的恰当、准确、生动、艺术地运用。所以，深入认识、理解、感受并且最终表达语言对于每一个播音员、主持人来说就显得尤为重要。我国语言学界对语言的认识，普遍认同的是许国璋对语言的看法："语言是人类特有的一种符号系统，当它作用于人与人的关系的时候，它是交流感情和传输信息的中介；当它作用于人和客观世界的关系的时候，它是认知世界和描写世界的工具；当它作用于文化的时候，它是文化信息的载体和储存文化的容器。"①

2. 思维概述

思维是人类大脑对客观现实能动的反映和对现实世界认识的活动，它是人类用脑力去认识世界时所表现出来的对比、分析等综合能力，它是大脑的一项功能。人类在自然界中面临着同样的实际情况，大脑也有同样的生理构造，所以有着共同的思维能力。但是思维本身具有复杂性和多种形态，个体同时并存着若干种不同形式且高度发达的思维。

一般把思维分为三种类型。

（1）直觉行动思维

这一思维是在思考时能够直接感受到思考对象并通过思考者本身的行为来影响其思考活动。比如工程设计师、体育运动员的思维活动就带有直观动作的特征，教练员在解释相关体育战术比如足球、篮球、排球时也应该以直观思维为主。

（2）形象思维方法

这类思维是指进行思维时使用唤起形象，在设想中加工改造形象的一种思维活动。艺术家、文学家在思考中（在进行艺术构思时）充分对这一意象进行了加工改造与组合活动，如构思的画面、雕塑、戏剧场景等等，无不需要形象思维。

（3）抽象思维能力

抽象思维能力又称逻辑思维，是指人将客观事物抽象概括分类、形成概念、用概念作出判断、推理等的思维活动。人们平常说的思维能力主要指的就是思考，也是人类最为常见的思考类型。这样的思维只存在于人的身上而不存在于动物身上，因而动物也就不存在语言了。有人曾做过这样的实验：将小鸡放在一起并绑起来，小鸡会奋力叫喊，母鸡就应了一声，前来救援；随后将小鸡套在玻璃瓶里，即使小鸡再怎样叫，母鸡也会因听不见小鸡叫而在一旁依然无动于衷、满不在乎。这表明母鸡仅有第一信号系统而无逻辑思维能力。

以上这三类思维活动中语言起着不同作用。前二种思维几乎没有语言活动，通常叫作非语言思维；第三种思维则主要靠语言来完成，因而是语言思维，它同语言联系最紧密。个体只有掌握了抽象思维能力才能使思维获得飞速的进步。不

---

① 许国璋. 许国璋论语言 [M]. 北京：外语教学与研究出版社，1991.

管是哪种思维，抽象思维以语言为工具，对整个思维过程具有支配、整理、约束作用，同时对我们有声语言表达过程起到关键作用。

（二）语言和思维的关系

1. 语言是思维的工具

思维不能脱离语言而存在，人脑对概念的生成也不能脱离思维的操作，抽象思维基本上都要借助语言这一工具才能得以表现。思维表达方式很多，比如音乐家或者画家的思维都能用艺术作品表现出来，但"说话"这种语言表达方式是绝大多数人所共有的，并不是专属于少数艺术家的。脱离语言的抽象思维是很难表现出来的，思维既不能脱离语言而存在，思维也会影响到语言所表现的内容。如英语使用者与汉语使用者，因观察问题的重点与角度不同而语言表达各异。

2. 思维是语言的内容

语言不能脱离思维而存在，抽象思维作为人所特有的一种生理机能，人的高级抽象思维能力决定了人能够创造出绚丽多彩的语言。人离开思维是无法组织语言的，而思维形式最早也是以语言的形式呈现出来并被记录的。对聋哑人及盲人而言，尽管他们拥有与正常人无异的抽象思维能力，但因某些生理缺陷而无法说话，但这并不能代表其无语言。从广义上讲，语言又包括盲文、手语、旗语以及其他副语言，借助非语音形式的语言一样可以实现交际与传达。语言必然附着在思维之上，思维在一定程度上是语言产生的根本要素，也是语言产生与发展的深层机制，思维极大地影响着语言。比如西方人从古至今都善于抽象思维、理性分析，所以在语言上也多使用抽象表达法，特别是多使用专门抽象名词，强调形式逻辑，使事物可以被客观的语言来表述。与此相对应的是中国人善于直觉思维与形象思维相结合，常用形象性词语将抽象的含义具体化，强调"立意于象"，追求生动而真实地表达种种感情与感受。但是，我们不能极端地把思维看成是语言的决定因素，因为我们还能发现不同语言之间存在着思维上的共性，同时不同语言之间表现出来的概念模式是普遍的。

（三）语言和思维的关系对有声语言表达的影响

语言与思维是一种伴随关系。思维是语言与现实之间的一座桥梁，语言是人们思考的载体。我们不妨把语言看作观察思维方式唯一的一扇窗。有声语言的表达是言语输出的一种表现形式，它是对思维的结果的外在展示，它除了要求我们注意表达技巧以外，还要求我们具备一定的思维能力。因为语言与思维相互适应，随着思维发展的水平变化，语言就会发展到相应的水平。我们无法设想一个播音员主持人语言能力非常出色但思维水平低下；我们也无法设想一个播音员主持人思维水平高但语言能力低。这两种情况都是不可想象的，因为二者必须互相适应，只有思维水平高的播音员、主持人，才能成为语言水平高的播音员、主持人。因此，对于播音员、主持人来说进行思维能力训练，对于提高有声语言表达效果具有非常重要的意义。

二、播音主持语言思维组织中出现的问题

（一）稿件依赖下逻辑思维的缺失

很多从事播音主持教学工作的教师都会碰到一类学生，这类学生在进行有稿播音时，常常会盲目地将自己的感情释放得格外浓烈和充实，而观众只是感觉到他们语言里的感情而对作品内容不知所云，这是一种典型的"语言骨架"丢失观象。他们缺少对稿件内在逻辑结构进行剖析，只是单纯地追求形象思维所派生出来的情感表现，最终丧失了作品的核心，有悖于播音主持工作的初衷和意图。日常工作偏重于有稿播音，播音员、主持人因习惯于按既定文稿播音，当需要播音创作者应用较强逻辑思维来完成无稿播音的工作任务时，他们会出现反应不及时，不能及时组织言语来抢救现场突发情况的问题。

（二）逻辑桎梏下形象思维的生硬

以无稿播音为主的播音员、主持人，比如某些综艺节目主持人或者体育运动解说员等，因为无稿播音具有独特性，这些播音员、主持人每天播音工作都有比有稿播音员更多的自由度，通常工作偏于运用逻辑思维，相比之下使用主管形象思维的右脑频率较少。当一个惯于无稿的播音员主持人忽然搞起有稿播音来，定稿使其发挥受到限制，不能按自己的节奏去广播，也不能自己决定广播语言。这些制约因素将导致其在播音主持时不能做到条理分明，常常存在着语言缺乏层次感、内容混乱不清晰等问题。即便能够根据稿件做到播音过程中的逻辑清晰合理，也缺少了对于形象思维要求较高的感情的投入和语言的色彩。有些习惯于无稿播

音的播音员、主持人坐在主播台前面对已完成的文稿及提词器，会因文稿的局限很难做到自由地发挥，不能像无稿播音时那样自然连贯。

通过对二者的比较，我们发现有稿播音和无稿播音各有侧重的思维能力，那么这是否意味着用得更少的思维能力就可有可无了，其实回答也很明显。就有稿播音而言，除形象思维起着主导和重要作用之外，逻辑思维是万万不能忽视的，播音员和主持人若不能清楚地抓住文稿里写作者逻辑链条上的句子和词语、段落与段落间的关系、语境与语境间的关联，都会落入一味情感色彩的渲染中，表现流于形式或者有失偏颇。但无稿播音中播音员主持人在语言逻辑链条上倾注了较多精力，逻辑关系谨小慎微，严丝合缝，但缺乏形象思维加工带给人的心境、感受的影响，缺乏形象生动的形象，就会使语言变得无趣、枯燥。

可以这么说，逻辑思维是语言的骨架，它对有声语言起到支撑的作用，而语言的血肉是形象思维，只有在骨架的基础上，才能生长血肉，这样才能形成鲜活的、有生命力的语言。其实，逻辑思维和形象思维不适用在有声语言中的现象，无论是职业播音员主持人，还是初学播音主持的人都会遇到。而作为初学者面对的困难会更加严重，出现的比例也更高。从事播音主持教学的教师常会碰到这样一种现象，一些稿件播音文艺作品呈现出来，学生情感非常浓厚、饱满，但就是听不明白他表达的内容是在讲什么；还有一些即兴话题的主持，因为逻辑思维跟不上，话题说得没有条理、脉络不清、层次不清，使人听了无法理解，即使表达的逻辑变得清晰起来，却缺乏语言上的色彩鲜明，感情无法引人入胜。

三、受众思维对播音主持语言表达的影响

（一）思维定式

受众倾向于"戴有色眼镜"认知播音员、主持人及其节目内容。对于播音员、主持人所传递的信息，受众要进行感知、记忆、思维和想象等心理活动，这是一个由表及里、由现象到本质的认识过程。其中，思维是最关键、最核心的部分，它是指受众凭借已有的知识经验或者播音员、主持人的解说，理解或把握那些没有直接感知过的或根本不可能感知到的新事物，以推测事物过去的进程，认识事物现实的本质，预测事物未来的发展。随着思维活动的展开，受众会逐渐形成思

维定式，即先前思维活动所形成的准备状态决定着后继同类思维活动的趋势。在受众接受播音员、主持人所传递信息的过程中，思维定式一旦形成就会保持相对稳定性，持续影响着受众态度的形成和改变，主要表现在以下两个方面。

1. 同化评定

在信息的传播活动中，当受众原有思维定式与播音员、主持人传达的信息内容基本相符时，受众就会表现出与播音员、主持人差别极小的立场；当信息内容与受众的思维定式在大方向上一致时，即使受众立场与播音员、主持人立场有差别，受众也会向播音员、主持人方向靠近。在这两种情况下，受众对信息内容进行同化评定，将自己的态度、观点评定为与播音员、主持人相一致或接近的态度或观点，有利于传播效果的实现。

2. 对比评定

在信息的传播活动中，当受众原有思维定式与播音员、主持人传达的信息内容不一致时，由于受众自身思维定式的稳固性，受众不仅不会认同播音员、主持人的观点和立场，还会形成比过去更为牢固的反对态度。在这种情况下，受众对信息内容进行对比评定，将与自己相距较远的态度、观点评定为更远的态度或观点，无法实现播音员、主持人的预期目的。例如，某电视节目举办"吸烟有害健康"的公益宣传活动，在节目中播音员、主持人总是试图通过向吸烟者介绍大量相关信息，以改变他们的态度，达到宣传戒烟的目的，但是由于作为受众的吸烟者在现实中形成的思维定式，使得主持人所宣扬的观点与他们的态度不一致，因而很少有吸烟者注意到这一宣传活动，也就无法使他们接受播音员、主持人的观点和立场。

（二）价值判断

受众每天都能从广播电视节目中获取大量信息，而播音员、主持人作为信息的传播者，在传播过程中不可避免地会流露出自己对某一事物的价值判断和主观倾向。但是，播音员、主持人和受众有着不同的目的、需求、立场和认识水平，因而受众在接受信息时，会通过自己的思考和理解去做出价值判断。

受众的价值判断，是指受众对新闻信息中所反映的事物、现象有所肯定或否定的一种思维方式，是一种最直接、最集中、最有效的认识形式和理解过程。

价值判断的特点是主观性、观念性和开放性，每位受众都会从不同的角度查看新闻信息的意义和价值。不同的受众对不同的信息进行价值判断，会带有强烈的主体性和针对性，至于他们会认可什么、否定什么、着重哪方面，往往取决于自身的价值观。即使是对同一信息，不同的受众也可以做出不同的价值判断，所谓"仁者见仁、智者见智"，任何事情都不一定只有唯一正确的答案。

受众在接受信息的过程中，总是要先了解这事是什么、什么原因造成的、结果怎么样、影响如何等情况，然后再做出价值判断。价值判断主要是解决是非善恶问题，此外，价值判断还包括应有、超然性的"应该"观念，体现出对真、善、美的价值追求，从而激励人们以现实为起点去克服缺陷，追求完善。

四、播音主持语言表达思维能力培养

（一）形象思维与语言表达

所谓形象思维，就是人们通过思维，联想到事物的最直观的形象和表象的过程。形象思维能力强的人，未必就具备良好的语言表达能力；语言表达条理清晰者，其形象思维能力未必强。人们只有通过某种方式加以调节与培养，才能达到形象思维非常活跃的程度，同时表现形象思维所使用的语言工具也非常有力。

有稿播音，是在文稿的基础上，创作者要在播音过程中运用创造性思维，挖掘稿件中的深层内涵和情境，从稿件中提炼出意义、内容，感受到感情色彩后，再充分地、准确地运用声音传达给人们。所以，有稿播音虽说是建立在文稿的基础上，但是文稿经过播音二次创作后，它的含义与内涵已被提炼出来，然后由播音员进行语言表达，转化为深入浅出的内容，易于为观众所了解、所接受、所感悟。其实，有稿播音要强过一般机械式的"念稿"，它是对固有文字材料经过个体理解后的再创造，然后把信息传达给观众。播音创作不只是文字语言与声音语言的转换，更重要的是播音员、主持人本人对文稿的认识、情感和审美，寓个性于有声语言创作活动之中。从播音创作过程来看，稿件材料作为信息"输入"的依据，经播音主持人主观的创作进行处理，最后"输出"整合其理解、看法及所见所闻。这是对稿件的深层转述，正因为播音能发掘稿件更深层次的意义，因而比其他文字材料更具有深刻的社会意义。有稿播音中，播音员和主持人每天都要面对提词器，然后播音员依据成熟的文稿来进行二次创作，相对于文稿的措辞和逻辑顺序而言，有稿播音较多地考虑到了播音时对文稿进行二度创作的问题，比如语气、语调、感情等等，这几个方面基本上都是靠形象思维来进行应用。但是正因为如此，逻辑思维能力才会缺乏用武之地，能锻炼的机会较之于形象思维要少很多。所以，当播音员遇到某些超出稿件内容范围的即兴话题，遇到某些要求逻辑思维能力比较强的作品，不适应的现象就会发生。

（二）主持人的发散思维培养

节目主持人的思维过程在紧紧围绕主旨议题的基础上，采用交叉多轨的运行模式。主持人将传播目的、节目框架以及有声语言内容进行通盘考虑，在准备阶段就如何拓展议题、深化议题、展现议题进行全面思考。在节目进行过程中，根据最新情况，适时地调整话题方向，这些能动性的反应都是主持人逻辑思维活动的外在表现。多视角地看待问题成为主持人驾驭议题的核心，在筛选、权衡、调整、实施之后，主持人的思维始终在确认与质疑中摇摆，直到最后选择最佳角度。

主持人对发散思维进行灵活有效地运用与发展，试图从不同角度、不同方向、不同侧面运用各种方法、技巧与思维去解决栏目存在的各种问题，让成果有理有灵，这是彰显主持人明显独创性和风格个性化最重要的手段之一。想象力是发散性思维的重要环节，发散思维从多向、侧向和反向朝着不同方向进行，它蕴含着丰富的想象和联想，它可灵活、迅速地产生多种多样的想法：由点到线、由线到面、由面到体，既思前因，又想后果，这是发散思维多向性的表现。

第一，展开联想，培养发散思维的流畅性。流畅性是发散思维的数量，也就是短时间内能引起更多联想的能力。世界上的客观事物之间总是互相联系的，有种种联系的东西反映到头脑里就会产生种种联想。

第二，克服思维定式和发散思维变通性训练。变通性就是发散思维具有灵活性，也就是思维能够达到触类旁通、举一反三、突破常规的目的。所谓思维定式，就是人们在刺激情境中，用一定的惯常方式所表现出来的一种反映。思维定势能让我们更快地发现解题思路，但是有时候却落入了思维定式这个误区。只有注意突破思维的惰性，才能发挥其积极的一面。

第三，鼓励超常思维，培养发散思维的独特性。发散思维中的新奇成分就是思维的独特性。主持人思维训练时对某个题目有超常、独特、非逻辑性但是合理的见解是应当得到及时肯定的。

主持人要使思维具有发散性,在日常生活中,应注意博览群书,以达到学识渊博、积累丰富。思维发散迅捷,脑筋转得快,是以广博的知识为基石的,井底之蛙,是不会有透辟而深刻的见解的。思路宽和思路转换灵活是从不同角度去思考问题的两项优秀标志,它要求我们兴趣爱好广泛、博专结合,甚至多才多艺,不仅要学习本专业知识,而且要兼学一些相关的别的专业的知识,"只有汇百川到海,才有汪洋之势"。其次,要克服固定观念,纠正"从来如此"的论点。继承传统,又要发扬创新与提高;最后要养成善于变通的思想,那些平俗呆板的固定习惯要尽量克服,独特性思维的成功发散不是重复自己脑子里的那些传统的或定型的东西。如果想要自己或他人从未想到过的新东西或者新角度,就需要在思考时尽可能多地对自己提出一些"假如……""假设……"等等。

(三)逻辑思维语言表达的训练

逻辑思维是语言富有逻辑性的前提,也是主持人能否吸引观众、能否成功的前提。主持人传播时,线索不清、内容散乱、逻辑顺序混乱、整体节奏布局欠缺,不仅会有很疲劳的感觉,也让人觉得主持人的思路不清,不能驾轻就熟地完成整个节目,受众也就不能接受主持人所要表达的信息。

逻辑思维注重推理判断、理性客观,大家可以从"分析和综合,分类和比较,归纳和演绎,抽象和概括"几个方面来锻炼。另外,思维能力的发展与播音员主持人的综合素质也是密不可分的。在当代播音员要想不被时代所淘汰,必须要锻炼自己个性化的语言,必须要广泛汲取各种知识,拓展自己数据库,开阔视野,突破思维壁垒的藩篱,对以前从来没有发生过关联的东西进行创造性的大胆联想与想象。有稿播音创作与无稿播音创作都对播音员主持人知识储备有较高要求。播音员唯有博采众家之长、厚实自己的根基,才会有敏锐而独特的视角,这样才能够把握文稿的内核,继而向受众扩散。因此,要求播音员、主持人必须全面提高自身的综合素质,让知识和实践同步进行。播音员主持人要通过多种途径拓展脑中知识储备,从知识储备中解析理论知识和品味感情信息。个体即使反应灵敏、逻辑明晰,若缺乏有力的知识库来支持他对外界信息的响应,就会造成表述不清、词不达意等后果。此外，除了干好本职工作外，还应涉猎其他与职业有关的能力，以全面提高自身素质。如参加记者采稿和编稿时，要多思考，勤钻研，勤考察，这样才能增强逻辑思维能力。

（四）主持人应变思维训练

应变思维是指一种能以客观实际为出发点、以时间、地点、人物、事件等变化为依据、以正确判断和科学分析为手段，对各种错综复杂的变化情况作出及时而又巧妙处理的一种思维方式。在思维能力上，应变思维就是我们常说的"灵机一动，心生一计"，这属于思维的爆发力范畴，它是思维运动的喷薄状态。

节目主持人从工作实际出发，可将应变思维表达大致划分为两种类型。一是被动应变，是指在没有准备或准备不足的情况下，对突如其来的事故情况及困境从容应对、妥善处理的情况。比如，在与采访对象的对话交谈中，嘉宾反客为主向你发问，主持人此时又必须要回答的情况；或忽然出现技术播出故障时主持人不得不掌控现场；再比如直播节目时长不够或拖得太长，主持人就得压缩或暂时安排好发言。二是主动应变，即在沟通或个人言谈时，适时捕捉新信息，当思维活动处于十分兴奋的状态时，就会发生相应的变化，并能够很快进行调整。例如，被访谈者的答案或改变后的现场情景扩大了主持人考虑问题的余地，也可以提供一个新的思考角度等，当主持人能有发挥之处，就可以适时进行调整或后续跟进。

良好的应变思维能力需要处变不惊的临场心理作为基础。脑科学的研究表明，脑的供氧系统对人脑的思维活动起着保证的作用。脑部缺氧容易出现暂时性的意识障碍，而惊慌失措、紧张愤怒，往往伴随着呼吸的急促，致使体内的氧气供给不足，从而抑制了正常的思维活动，失去语言的应变能力。因此，控制情绪，保持肌体的自然状态才有助于激活神经系统，保证播音员有正常的甚至是超常的发挥。

在控制情绪的基础上，还应该保持积极的思维状态和创作理念。一般来说，任何节目进行之前，主持人都会通过自己前期的准备确定一个基本的主持预案。熟练地把握预案中设计的模式这有助于主持人镇定从容地完成任务，但是如果主持人仅仅满足于此，就很容易束手束脚，落入照本宣科的俗套，长此以往主持人的思维素质必然会呈现出保守性和封闭性的特点。相反如果依托预案，充满了创作的欲望，结合实际情况及时进行信息的交流，保持开放性的思维状态，必然会使主持充满生机和活力。

一个好的应变思维能力，需要有知识与经验的累积作为根据。知识是思维的原材料，知识与经验是思维最初的动力、基本手段与最终结果。出类拔萃的语言能力，源于日常积累。与此同时，我们应不断重视知识与经验的量的累积，也应重视促进其质的提高，使累积的经验与知识具备顺畅、变通与创造等属性，以期待其效用与价值的最大化。

首先，在扩容的基础上更要注重知识的更新，吸收新知，调整经验，才能推动思维能力的发展，用新的观念打破固有的思维模式。其次，要系统化地整合知识和经验资源，提高知识的精确度，避免模糊朦胧的状态。在系统化的基础上，博览旁及，纵深发展，优化结构，最终使知识和经验的合纵连横，跳跃转换，达到得心应手的程度。

（五）形象、逻辑与灵感思维的组织

无稿播音注重逻辑思维，有稿播音更倚重形象思维，且无论有稿播音或无稿播音，同样离不开灵感思维加持。对播音主持语言表达培养中这三种思维方式是相互交融、相辅相成的，但也是不可分割、彼此统一的。

所以在进行播音主持语言表达思维训练时，要采用多种思维方式交叉混合运用的方法。以播音发声理论中喉部的调控为例，我们必须先从生理上对喉的构造和喉的作用加以认识，并推出播音主持发声中对喉的调控的全过程，通过不断地实践，寻找出最符合自身喉部情况的喉部控制，这可称为由"理论型的逻辑思维"到"经验型逻辑思维"的转变过程。然后，逻辑思维在转换后会引导形象思维产生，而逻辑思维所传递出的喉部控制反馈也会被形象思维在脑中实现。最后自己再运用形象性语言来描述经验中控制喉部的手段，从而使"想象型的形象思维"变为"语言型的形象思维"。这样，在逻辑思维和形象思维的反复转换下，我们才能证实我们对于喉部控制理论的认识是否正确。

像这样将形象思维这一表达方式纳入理论性逻辑思维之中，才能看清问题的实质，从而较好地纠正发声错误。由于有时候播音主持创作留给主持人和播音员的时间很短，恰好与灵感思维的转瞬即逝在时间上达到了巧妙一致，因此，灵感思维是播音主持语言表达时常用的思维方式之一。

播音主持语言表达思维训练的过程中，对思维的应用需要三种思维和谐运行，即通过逻辑思维为逻辑指引，形象思维为人们提供形象与想象，最终与灵感思维相融合。在这三者的有机整合下，可以建构逻辑合理，感情丰富，启发感人的作品。因此，播音主持语言表达思维运用是必然性与偶然性相统一的，而这一点又是播音员主持人掌握思维运用的起点。播音主持语言表达就是播音员与主持人对自己脑海中记忆的形象思维、逻辑思维进行转化，以产生全新的形象思维与逻辑思维的活动。所以播音主持语言表达的灵感思维，也是逻辑思维、形象思维经过长时间积淀而形成的必然产物，三种思维方式互为补充，不可或缺。

第三节 播音主持素质修养与语言表达

播音员主持人素养既具有广播电视传播者所具有的共性，也具有播音主持职业本身所具有的特性。其素养应该是全面、客观的，播音员主持人素养既包含着自然属性，比如先天生理等组成因素，比如神经系统、感觉器官、嗓音以及相貌的状况，但更多的还是包含着的社会属性，比如后天社会生活、社会实践中形成与获得等。

一、播音主持素质修养概述

（一）播音主持素质修养构成

播音员主持人政治、思想、文化、学识、专业技能和职业道德体现着其素养，这些还可以归纳为政治素养、文化素养和业务素养。

政治素养主要体现在政治理论、政治立场、政策观念以及政治作风等方面。播音员主持人要在思想上、政治上和宣传内容等方面同党中央一致，坚持党性原则和全心全意为人民服务宗旨是播音主持工作始终坚持的内容，体现了播音主持宣传的政治智慧、政治预见与坚定信念。良好的人品素质与职业道德也是政治素养要求，这是播音员、主持人必须具备的。人品素质是指人格应正直、忠诚，其性格应机敏、热忱，其行为应能自控、自导，其作风应团结奋进、求实创新，其职业道德应体现为恪尽职守、廉洁公正、遵纪守法、勇于奉献。文化素养是指人们对于知识、信息的理解与把握，同时也是对文化资源进行储备，不断强化文化底蕴，提升文化水平。

专业素养主要表现为专业技能的掌握与应用，涉及语音、声音、图像、表达技巧及驾驭节目等业务实践中的方方面面。

（二）电视主持人应具有的素质与修养

1. 个性魅力

主持人个人魅力体现在个人气质、情感、审美倾向等，但性格特征才是主要根源，即个性决定着个人魅力在节目中的具体展现，从而使个人气质得以体现、渗透于节目之中，最终融入节目之中，使节目无处不流溢出主持人个人气质的特色，使节目具有了别样的风采。就政论性、时事性较强的栏目而言，虽然这一栏目需要遵从民族、意识及社会形态的规范与约束，但是要反映出基本审美倾向和特色情感、寓教于乐。在生活中和其他的节目当中，能反映出主持人的审美倾向和思想倾向。另外主持人的语言风格也可以凸显出他的个性特点。言为心声是借助语言来达到沟通的目的。它通过各具特色的语言来表现自己对世界的认识方式和性格，运用逻辑的语言表达能够以理服人、逻辑严密；运用具有文化感的语言可以展现知识的魅力，包含着强烈的书卷气。

2. 临场应变能力

近些年来，国内各类节目中受众交流和现场交流都在逐步增加，这对于主持人的应变能力也有了全新的需求。应变能力就是指现场调动能力、表达能力和语言组织能力，而随着现在人们对精神追求的日益提升，对主持人的有效交流的能力提出了相应的挑战和更高的要求。面对观众和嘉宾有的主持人缺乏文化底蕴和临场应变能力。一个好的主持人需要有很强的应变能力和现场意识，只有这样才能充分地调动节目中受众的情感，控制并引导节目朝着目标前进，确保方向按原计划线路走，准备充分，未雨绸缪，居安思危，在出现意外情况时及时编制应急预案，能在临危制变中保持处变不惊的大将风范，顺利地把问题解决，保证节目的顺利开展。

3. 语言组织、表达能力

主持人的语言组织应当重视以下几点。

语言要真实而不花言巧语。不论做什么事或说什么话都必须保持真实，只追求冠冕堂皇的言语,或用哗众取宠之手段,最终会令人生厌。

语言应该通俗而不要故作姿态。说话时,要尽量通俗一点,使用观众听得懂的语言,才能起到事半功倍的作用。如果主持人说的话过于深奥,只会让观众觉得主持人是在故作姿态。

应该保持谦虚而不"摆架子"。与别人沟通时,力求不向任何人"摆架子",否则很令人讨厌,从而无法达到交流的效果,也影响听众的心情。

应该保持说话简明扼要而非含混不清。在表达自己的意思时,要使用简明扼要的语言来表达,突出重点,不要让自己的意思变得含混不清,让观众听得"一头雾水"。

4.倾听习惯

倾听是沟通中最重要的一环,传播学视角下传播最根本的条件就是说话和倾听,当两个人面对面地进行沟通的时候,不能只说话却不倾听,会说话和会倾听都需要一边回答问题,一边提问,一边思考和倾听。如果主持人不善倾听,虽然他们能说会做,但却不能让节目成功。主持人在主持节目时之所以能成功,很重要的一个因素是倾听,所以主持人要按照传播规律来主持节目,要将主持理论和实践结合起来,培养善于倾听的良好习惯。

(三)播音主持人应具有的素质与修养

1.树立语言风格

语言是播音主持人与受众交流的主要途径,而独特的语言风格是每一个播音主持人必备的。比如,不同类型的节目主持人要随机应变,使用不同的语言风格、特色,其中包括嗓音、音色、音量的变化等。例如,在播报歌颂党的好政策、人民群众的好生活等新闻节目时,主持人的语言状态要充满激情和愉悦,要保持高亢、洪亮的音色,要使用积极上进的语言和文字,让受众能感受到主持人传递的饱满热情,节目的推进也会更加顺畅。再如,在播报诸如自然灾害、安全事故等方面的新闻时,主持人要压低声音和语调,要形成"急切关注,小心翼翼"的语言风格,让受众亲身感受到灾害事件、重大事故带来的巨大影响,从而形成对社会发展、民生的关注。无论是语调、语速、音色的变化,或是用语、用词的考究,都要求节目主持人根据播报新闻的类型与特点,采取更加灵活多变、科学有效的语言模式,进而逐渐形成自身的语言风格。与此同时,主持人通过不断的研究与深化相关内容，循序渐进的培养自身的语言修养和素质，节目也会因此受益，进而得到受众的欢迎。

2. 培养语言素质

播音节目主持人还应使用更加规范的语言，提升美感，提高自己的语言修养。唯有信息共享和认知共识才能引起愉快的共鸣。普通话的审美价值在社会上有着广泛且深刻的认同感。普通话无处不彰显着简练准确、深沉秀雅的个性，时常能够彰显出抑扬顿挫、有轻有重、时缓时急的语言之美。在审美层面上实现民族化、风格化，创造意境美。

3. 提升文化品位

语言和沟通是播音节目的主要呈现，主持人与受众通过语言形式来实现交流。因此，播音节目主持人必须不断学习，保持"活到老学到老"的积极心态，多进行语言学习、文化进修、文学学习等，切实提升自己的文学素养、文字功底、语言功底与言论修养。唯有此，主持人才能"满腹经纶"，也才能在整档播音节目中"娓娓道来，滔滔不绝"。比如，播音主持人平时不仅要多看广播电视方面的书籍和报刊，也要多看文学类的小说、散文、诗歌等作品，丰富多彩的生活应该是播音节目主持人的生活样貌，主持人也应该拥有广泛的爱好。主持工作有许多与艺术息息相通的地方。从某种意义上说，主持人的工作从其承担的大众传播角色来看，属于新闻工作者；从其所需要掌握的语言艺术来看，又应是一个艺术家，这就需要主持人有博大精深的修养。

（四）播音主持个人素养对语言表达的影响

个人素养包括职业素养和审美素养。职业素养是指播音员主持人对本职业相关知识的认知能力。这种认知能力包括专业知识、职业态度、业务能力等。有的播音员主持人在主持节目时因为对稿件内容不熟悉或驾驭不了稿件内容，嘴里条件反射式地读着提词器上的字，眼神空洞、呆板；有的播音员主持人不论播报什么内容，脸上总是挂着职业性的微笑，体态语没有为具体内容服务；还有的播音员主持人在较为严肃的访谈节目中为了拉近与嘉宾的距离，用手拉扯对方的身体等，这些电视屏幕上常见的体态行为都属于缺乏职业素养的表现。可见，职业素养制约着体态语的表达能力。

审美素养是指播音员主持人对美的感受力和创造力。美包括形式美和内容美，形式美是指播音员主持人的面容美、姿态美，内容美则指一个人的德才学识良好，只有形式美和内容美有机统一的美才是最具感染力的美。播音员主持人的工作便是一项能让受众产生愉悦之感的创造美的工作。体态语还可以反映出一个人的"礼貌"，这是一个人素养的外化表现。这种礼貌影响着受众的接受程度，大多数受众喜欢平等、谦虚、宽容、礼让、态度优雅的播音员主持人。

二、播音主持语言素养的提升

（一）语言艺术个性化

在传统媒体环境中，播音主持的工作环境比较单一，多数播音主持人选择凝固的语言形式来进行广播。伴随着时代的进步，新媒体时代下播音主持环境变得更加驳杂，一大批低素质的主持人开始步入播音主持行业并对主持人形象造成了冲击。因此，要想在新媒体时代播音主持中充分利用语言艺术，也就必须要不断强化播音主持人自我的语言修养，使播音主持人充分领略语言的神奇，增强播音主持人职业认同感与责任感，指导播音主持人在播音主持工作中应用语言艺术，提高播音主持节目质量。因此，播音主持人需要不断地加强自己日常生活中的语言学习，除了掌握规范的普通话之外，也要多学一些当地方言，甚至其他地区的方言或者外语等，并且多了解一些语言文化，这样在主持节目的时候，也能更加自信。与此同时，新媒体时代也离不开创新。对于播音主持而言，创新可以促进个性化发展。播音主持人是节目任务中最重要的承担者之一，播音主持人的人格影响节目的风格，而风格又影响节目质量。好的播音主持人常常能够通过个性化语言艺术把人们带进场景中，渲染节目氛围，从而达到宣传节目效果和促进节目质量提高的目的。

（二）加强专业修养

1. 培养理解感受能力

播音创作所具有二度性决定了理解感受能力是播音员主持人的内功，可见理解感受能力的重要性。所有对内部技巧掌握的训练都应该包含在这个部分。从理解—还原—表达，需要播音员主持人平时注重培养观察能力、分析能力，并注重形象思维和逻辑思维能力的提高，不断提高自己的理解感受能力。

2. 锻炼语言表达能力

（1）语言表达能力强。播音员主持人的看家本领就是语言的功夫，广播和电视均离不开声音形象的塑造，播音员主持人除了应具备较好的口头表达能力外，还应具备较强的文字表达能力。

（2）具有良好的生理、心理素质。播音员与主持人必备的身体条件与心理条件就是要有过硬的生理与心理条件素质，也就是需要身体健康、心理健康。播音员、主持人任务重、压力大，工作节奏快、竞争越来越激烈，如果没有一个好的心理生理条件作为基础，那后果就难以想象了。

（3）灵活机智应变能力强。播音员、主持人面对话筒和镜头，都要随时准备经受各种现场变化造成的"不测"，要正视难堪的情景和意想不到的情况，应及时采取相应对策，并善于用精巧的辞令"圆场"掩盖"纰漏"。

（4）必须有主动、积极的协调能力。主持人作为群体工作中的一员，尽管他们以个人的身份存在于话筒和屏幕之前，但是从实质上看，节目却是集体智慧和劳动的集中反映。所以播音员主持人应当具备开朗热情的性格，待人接物要宽容豁达，善解人意并充满团队精神。

3. 积累生活实践经验

播音创作取得成功要依据丰富的生活实践作基础。播音作品的内容来源于生活的方方面面，远远超出个人的小范围的生活内容。要想对所有稿件做到有感受，并且引出情感，贴近播出目的，没有深厚的生活积淀是不可能做到的。生活实践的积累包括三个方面：一是在自己的生活中体验各类情感，二是在周围人们的生活中仔细观察和思考，三是在大量的阅读中体验百样人生。

（三）提升体态语修养

1. 提升体态语的解读能力

（1）掌握丰富的体态语表达方式

明确基本情感（喜、怒、哀、乐）与基本态度（赞扬、不满、喜欢、批评），以及这些情感和态度的不同表达方式及规律，掌握本行业适用的体态语。

（2）注意观察阅读

观察是重要的积累经验的手段。生活中的普通人和电影电视中人物的体态行为都可作为观察的对象。通过仔细地观察，体会他们运用了哪些动作、表情来传情达意。阅读有关书籍，从他人的研究成果中丰富自己的体态语。总之，我们要在日常生活中注意总结他人的体态语及自身的体态语表现，使自身的体态语更加完美。

2.提升体态语的表达能力

（1）在实践中提高体态语的表达能力

体态语表达能力的形成分为三个阶段：分解练习——掌握局部动作阶段；磨合练习——动作的过渡阶段；巩固练习——动作的完善阶段。

（2）运用科学的练习方法

为了使体态语更具艺术感染力、更具适应性，播音员主持人应对体态语进行训练，如学习、模仿善用体态语者的动作体态，体会其含义。通过录像或者对镜练习的方式，观察自己的动作情况，有问题及时分析并改正。

三、播音主持语言表达素养的塑造

（一）坚持播音主持语言表达原则

1.数量原则

主持人主持节目，应认真把握好信息量的"度"，既保证所传达的信息丰富翔实，使受众喜闻乐见，容易接受，同时也应避免其中夹杂过多多余信息。然而冗余信息并非完全冗余，可分为有效冗余和无效冗余。有效冗余信息就是尽管某些信息已经过时，但是对整体信息表达却很有帮助，而这一信息又必须存在，因为若是信息传递过程中都是新信息的话，受众往往很难接受甚至是不明白信息内容；而无效冗余信息则是指，在信息传递过程中存在着垃圾成分，它对整体信息表达并无作用，这类信息应尽可能去除。对主持人而言，应结合具体情况掌握新信息与有效冗余信息的配比。

2.质量原则

大众传播媒介信誉度的高低，是它生存与发展所必须具备的先决条件之一。广播作为以价值为取向的产业，它所传递的信息必须真实而优质，讲些无根据和不实的东西，会不可避免地导致广播事业走向衰落，言之有物、言而有信是媒体自身价值得以实现的必经之路。另外，把握好表达分寸对于播音主持人来说是十分重要的，播音主持人在表达政策、表达感情等方面的分寸都应该掌握得非常精准，播音主持和戏剧表演不一样，它不应该是夸张的，它应该是真实的。掌握主持语言的大致方向对播音主持人而言是轻而易举的事，但要想正确表达自己的情感并使之"浓妆艳抹总相宜"并非易事。它要求播音员主持人必须加强语言素质训练和提高文化修养，否则将"心有余而力不足"。

3. 关系原则

"关系原则"是综艺类节目主持人言语交际最突出的表现。新闻主持人播音时只要按照原稿，态度得体地去主持就没有任何问题；生活服务类栏目涉及的也常常是些日常琐事，掌握也相对容易一些。相对于这几档节目主持人来说，综艺类节目主持人要有较高的主持水平，原因在于综艺类节目随机性较大，且通常以直播形式出现。除文案束缚外，主持人还是有着较大的自由发挥空间，需要主持人准确把握语言所处的场景，语言运用应有效贴近语境、满足传播目的、遵守有关政策。主持人只有提高自己的政治文化素养才能成为一名合格综艺节目主持人。

（二）注重语言表达的规范性和感染力

1. 注重语言的规范性

广播主持人需要利用声音来进行信息传播，所以对于广播主持人语言表达能力有了更高的要求，广播主持人应该提高自己语言表达能力，最直观的办法是要讲究语言规范性、正确的发音及语言表达方式。通常情况下，许多人都会以广播主持人的读音为标准读音，广播主持人一定要对传播信息的读音有严格要求，保证每一个汉字读音干净利落，并且发音准确，这样听众才能对其播报的信息感兴趣，并且对新闻权威性给予充分尊重。与此同时，广播主持人也要注意词汇的合理使用，对语法问题要非常重视，在词汇的选择和使用方面，要选择正式的词汇来保证听众能够很容易理解，同时还要跟上时代潮流，主动去了解当前阶段热门的新兴词汇并对它们进行合理的筛选与修改，应用于广播内容之中，让新闻变得浅显易懂，这更易在听众中引起共鸣，对于增强自身的语言表现力是十分有益的。

2. 增强语言的感染力

在进行播音主持时，既要保证语言规范，又要注意增强语言感染力。第一，广播主持人在播报信息时，要注意语调问题，要根据节目的特点和听众的收听习惯来选择不一样的声音和语气，还要注意在播报时做到声情并茂，利用自己真实的感受来加强语言感染力。播音主持时，要努力保证语调的多变，快慢得当、情真意切，让自己的嗓音更具感染力，使听众产生共鸣，这样才能有效地增强主持人的语言表现力。除此，修辞同样值得重视，广播主持人一定要巧妙地运用多种常用修辞格来提高信息的可收听性，并且运用修辞时还要对播报内容进行深入细致的阅读与剖析，由此合理地选用修辞手法来提高节目内容趣味性与丰富性。修辞的使用只有把握好度，才能给播报添彩，得到广大听众的肯定与接受。

第四节　播音主持语言表达的心理建构

一、基于播音主持人格魅力的分析

人格魅力是播音员、主持人的节目获得良好传播效果的重要因素，也是一个播音员、主持人的艺术生命力所在。一个缺少人格魅力的播音员、主持人，是不可能赢得受众更多、更久的关注和喜爱的。

（一）播音员、主持人的个性倾向

1. 播音员、主持人的需要

播音员主持人的需求是播音员主持人内部不平衡状态的反映，体现在播音员主持人对内在环境或者外在生活条件上的稳定需求。这种失衡状态，既有生理上的失衡，也有心理上的失衡。

需要是机体活动积极性的来源，也是人们从事活动的根本动机。人类的一切活动，由饥则食、渴则饮开始，直至从事物质资料生产、文学艺术作品创作、科学技术发明和创造等，无不受需求所驱使。需要愈强烈、愈紧迫，就会产生愈发强烈的活动动机。与此同时，人们的需求又在活动过程中产生、发展。当人们在活动中满足了原有需求后，人们与身边现实之间的关系也随之改变，同时新的需求也会出现。这种需求促使人们开展一系列的活动，在活动过程中需求不断获得满足，同时还会不断有新的需求，使人们的活动得以持续进行。需要是个人积极性的来源，它往往通过意向、欲望、动机、志向、利益、信念和价值观来体现。

第六章 播音主持语言表达的个性化塑造

2. 播音员、主持人的动机

动机与需要既紧密联系又相互区别,往往需要以主观上的意图与欲望的方式来体现。意向是需求处于一种模糊认识的未分化状态,欲望则是一种清晰认识和希望实现的需求。如果欲望只驻留于心灵而没有付诸实现,这种需求就尚不能作为一种活动动因而存在,所以处于静止状态的需求,仍然不是一种动力。只有在欲望或需求激发人们去从事活动,并保持着这一活动,需求才能成为一种活动动力。

播音员、主持人的动机,是指播音员、主持人在一定的目标或对象的引导、激发或维持下,从事某种活动的内在心理过程或内在动力。也就是说动机是内在的心理过程而非心理活动的产物。关于这一内部过程我们无法直接观察到,然而它却可从任务选择、努力水平、活动坚持性以及言语表达这几个外在行为中间接推知。

3. 播音员、主持人的兴趣

播音员主持人的兴趣,是指播音员主持人在对外界需求进行了解或探究的基础上,探索某一事物或者进行某一活动时产生的一种心理倾向,它是促使播音员、主持人去了解事物,探求真理的一种重要动力。兴趣再进一步发展到从事实际活动所必需的时候,便成为一种爱好。因此兴趣与爱好常常连在一起。兴趣是在需要的基础上通过实践活动而形成、发展起来的。人的需要多种多样,因人而异,所以人的兴趣也是多种多样,因人而异的。人的需要改变了,兴趣也随之改变。但是需要不一定都表现为兴趣,如人有睡眠需要,不等于对睡眠有兴趣。

4. 播音员、主持人的价值观

播音员、主持人的价值观,就是播音员、主持人根据客观事物来评价、选择自己及其在社会中所具有的意义或重要程度的原则、信念与准则。价值观是人们思想意识中最核心的部分,它是主导个体行为、态度、看法、信仰和理想的心理基础。价值观念不仅影响个体行为,而且影响群体行为乃至整个组织行为。在相同的客观条件之下,对同一件事,因为人的价值观不一样,所以会有不一样的表现。

价值观的特点如下。

(1)主体性。人对好坏的判别标准包括对得和失、荣和辱、成和败、福和祸、善和恶等的判别标准均可作为一种价值观，它以个体自身内在的衡量标准来评定。尽管客体客观存在，但是个体对于客体意义的理解、对于客体优劣的评价都依赖于主体本身的需求。

（2）稳定持久。一个人的价值观在一定时期、一定地点、一定情况下始终是比较稳定的。例如，人们对于某件事情的好与坏总是有一种观点和评价，而当条件相同时，这种观点是不会变的。

（3）具有社会历史性。随着一个人经济地位变化，人生观、世界观变化，他的价值观就发生了变化。也就是说，价值观也是处于不断地发展和变化中的。处在不同历史时代和社会生活环境中的人，其价值观各不相同。

（二）播音员、主持人的能力要素

1. 敏锐深邃的思维能力

敏锐的思维能力是指具有新闻敏感，能透过新闻信息敏锐地分析、判断出其独特的新闻价值、社会价值和思想意义，能通过新闻事件本身，迅速地捕捉住它在全局中的地位、影响，抓住要点，鲜明、准确地进行传播。播音员主持人作为新闻工作者这一属性，在根本上决定了播音员主持人在思想上要明确一个观点：广播电视是我们党、我们政府、我们人民群众的喉舌。这些特征是由我国广播电视事业社会主义性质决定的，同时也是党在新闻宣传方面的优良传统。播音员、主持人作为广播电视传播的关键一环，其敏锐深邃的思维能力表现在以下几个方面。

首先是作为新闻工作者的敏感力。播音员、主持人应该具有比一般人高得多的敏感力，包括观察力、感受力、理解力等。这样当播音员、主持人面对一个新的环境、新的事件、新的人物、新的产品，或者一个新的画、新的词汇等时，都可以从中敏锐地感觉到一些新的、独特的东西，使节目、播音员、主持人的播出与众不同，富有新意。

其次是创造力。播音员、主持人不仅仅只是做好工作，而是要创造性地做好工作。要在工作中不断地努力创新，要突破思维定式、传统观念和习惯势力的束缚，在司空见惯、习以为常的事物和现象中发现新的问题，提出新的思想，创作出新的作品。

然后是思辨力。播音员、主持人的思维要全面、辩证、深刻，要力戒孤立、片面、简单、主观看问题，要努力学会全方位、多角度、多层次的客观分析问题和寻求解决问题的方法。要在简单中见深刻，深刻中见全面，全面中见到历史和现实，使我们的宣传体现出广度、深度和厚度。

2. 出众的语言驾驭能力

播音员、主持人作为有声语言工作者，用声音创造世界、表达世界，在这一过程中播音员、主持人丰富的情感包含在其中，展现了播音员、主持人无限的创造力，一个崇高的精神世界为人们逐渐展开。

关于播音员、主持人的语言能力，我们可以从语言表达能力和语言驾驭能力两方面来说。首先说语言表达能力。播音主持工作不是将无声的文字简单地转换成有声的语言，而是依据文字进行符合有声语言表达特点和要求的再创作，进而传情达意于广大受众。因此，评判一个播音员、主持人的语言表达能力，首先看语感，也就是对语言文字的最基本的感受能力。其次是理解和感受，也就是能不能完整、准确、深入、细致地理解所要播出的内容，播出所要达到的目的，并在此基础上切实、具体、设身处地地感受到内容中的情感、性格、理趣、风格等。这里需要注意的是，不能用理解来代替感受，理解是感受的前提和基础，而感受是对理解的深化和具体化。再次是表达技能。要求语音准确，吐字清晰，感情真挚饱满、生动形象、富于感染力。

播音员、主持人不仅要具备对文字稿件锦上添花的能力，同时还要具备面对突发事件、现场直播等即兴口语表达时能够出口成章的能力，我们也可以把它理解为对语言的驾驭能力。首先，要注意平时的积累，多观察、多观摩、多思考，也要注意总结积累自己的实践经验；其次，在直播现场，要注意观察，寻找新鲜点和特点，分清主次，随时了解现场变化，将现场的一切掌握在自己的眼中、脑中和口中；再次，要理清头绪，清楚明白要先说什么后说什么，哪些地方要详述，哪些地方要略说，怎样开头，如何过渡，怎样结尾等，都要心中有数；然后，尽可能选择通俗、准确、鲜明、有特点的语言来叙述，要口语化，使人听起来既感到自然亲切，又通俗易懂。

播音员、主持人的工作，实际上对受众、对全社会有着语言示范作用，因此应牢固树立语言规范意识、示范意识、引导意识和审美意识。广播电视播音主持语言要讲究质量与品位、艺术性与典型性。

3. 稳定的平衡调控能力

播音员、主持人的平衡能力体现在把控自身、把控节目的水平上。播音员主持人来自社会，同样有着七情六欲和情绪的起伏跌宕，同样有着兴奋、生气、悲伤、烦躁……这些情绪是不能够带进节目里去的，因此排除情绪干扰很重要。这需要播音员和主持人始终保持高昂的工作热情，关注节目内容，内心始终为观众着想。其实，将与节目毫不相干的表情（因为情绪通常都是写到脸上的）带进节目中，是对节目的敷衍了事，是对观众的愚弄，而最好的办法是暂时放下不愉快的心绪，全心全意地完成节目。

一般情况下，主持人的"自由"程度较高，具有一定现场发挥空间，此时，节目具有一定弹性，与此同时，主持人还要履行相应职责。主持人围绕节目主题动员观众时，还要客观表达自己的思想与看法，不能受观众影响，或者把问题交给专业人士去解决，不能把自我好恶当成评价事物好坏的标准，应该时刻保持客观、公允、有分寸。

4. 灵活的随机应变能力

播音员、主持人在直播现场播音主持的同时，必须留心现场的各种变化，一旦出现意想不到的情况，要想着如何救场补台；播音员、主持人在直播中万一出现差错，要能迅速调整情绪，自圆其说，体面地挽回局面。播音与主持是一项富有挑战性和创造性的工作，日常播出尤其是现场直播，不可避免地会出现一些始料不及的状况，要求播音员、主持人必须及时、妥善地进行应急处理，节目便顿生异彩；一旦处理不当，局面便笼罩在难堪和压抑之中。因此播音员主持人要注重自身应急处理能力和随机应变能力的训练。

（三）播音员、主持人的气质和性格

1. 气质

良好的、完美的气质，不仅是一个人精神面貌的反映，同时也往往折射出一个社会、一个时代的精神风貌。播音员、主持人作为社会公众人物，作为媒体对外的代表，其自身的声音形象和屏幕形象既代表着媒体形象，也反映着党和政府的形象。这种形象所反映和表现出来的精神面貌和气质，具有权威性和公信力，对社会具有引导、示范和影响力。良好的形象气质和精神面貌，不仅是作为大众

传媒的广播电视对于播音员、主持人的具体要求，而且也是广大受众的期待和要求，更应是播音员、主持人完善自我的自觉追求。

2. 性格

每一个播音员、主持人都有自己先天所具有的性格，同时也有经过长时间积淀形成的各具特色的气质。作为一个播音员、主持人，性格、气质首先要服从和服务于广播电视的性格和气质，只有在这个前提和基础之上，才能充分发挥个人的性格和气质特点来做好播音主持工作。如果不顾广播电视的性格特点，不顾广大受众对于美好事物的期待和追求，一味地追求或张扬自己的所谓个性、特点，这种做法与我们的事业、与我们的职业、与我们的追求都是格格不入的。

不同类型的节目有着不同的个性和气质，因而对播音员、主持人的性格和气质类型的要求是不一样的。节目选择与自己所设计和追求的性格和气质特点相协调的播音员、主持人，有利于发挥自身的长处，充分展现编导意图和节目思想，增强节目的魅力，从而达到节目所希望的最佳效果。同时，播音员、主持人选择与自己性格和气质特点相协调的节目，也能充分发挥自己的特长，使节目达到锦上添花的目的。播音员、主持人在节目中表现出来的与节目内容相协调的性格特征对节目的重要性也不可低估。

播音员、主持人应该注意培养良好的性格，这对自己、对集体都有重要的意义。一个具有高度责任心、神圣使命感的播音员、主持人，对于自己的工作能够态度认真地对待，并且对现实生活能够正确看待，对自己遭遇的各种困难都能够努力克服，一定可以取得事业上的成就。相反，如果缺乏良好的性格品质，对播音主持工作没有强烈的事业心，那么他也不可能有所建树。播音员、主持人要了解自己性格中好的一面和不良的一面，就要自觉地发挥好的一面，下决心改造不良的一面，去掉性格中的消极因素。

二、基于播音主持心理活动的分析

（一）感性活动

在播音主持中，感性活动是指播音主持创作主体借助感觉器官，对文本主体中的主客观事物，进行思想感情和声音形式的反映与表现。例如，过去、现在、将来的时间感,高低、上下、左右的方位感,抑扬、急缓、顿挫的节奏感,甜酸、苦辣、咸淡的滋味感,黑白、明暗、深浅的视觉感等。

播音主持创作主体对主客观世界的印象,包括各种外在形状、景象、面貌、特征等,通过想象和联想,触动并引发内心波澜。只有蕴含这种内心波澜,说出口的词语才有具体可感的艺术性。

因此,在播音主持创作感性活动过程中,词语感受和形象感受成为两个重要支点。词语感受的特点在于,主动接受词语所代表的事物的刺激,体味其中的含义,产生具体的情绪,并将这种情绪通过一定的语气展现在有声语言和副语言里。而形象感受的特点在于,通过视觉、听觉、味觉、嗅觉、触觉及空间、时间、运动知觉等产生内心活动。也就是要求创作主体通过想象、联想,主动接受词语的形象刺激。也就是说,播音主持创作主体在话筒前、镜头前所说的每一个词语、每一段话,都是为推介一个人物,描述一个事件,说明一个事实,讲清一个道理,它们相互关联、相互支撑。只有做到形象感受的综合性,词语表达的连贯性,创作活动在感性方面的基础才是稳固的、具体生动的,而非笼统空泛的。

(二)知性判断

知觉和感觉同是心理活动,但知觉比感觉更复杂、更完整,更注意整体形象和相互联系。任何节目文稿或话题,对播音主持创作主体来说,在对词语感受的同时,必然伴随着对事实内容的确认、对事实意义的确认、对话语结构的确认、对情感调动的确认、对表达方式的确认等。所有这些确认的背后,都经历着创作主体对文本知识和社会实践知识的提取、鉴别、感受和判断,尽管这一过程因所反映内容、形式和创作主体的经验、反应有快慢精粗之差异,但播音主持创作主体始终努力将有声语言和副语言展示给接受主体。

在有声语言创作过程中,无论感性还是知性,对播音主持创作主体来说,都不应停留于思维认识阶段,而必须转化为内心感受,并通过有声语言和副语言表达出来。感性可以偏重于词语组合的形象感受,知性可以偏重于词语结构的逻辑感受。就分析而言,它们是具体的,都在寻求可感性;但就创作而言,它们统属内心感受和内心反应,是综合中的具体。在形象感受、逻辑感受这些具体感受基础上,要将其综合为整体感受。

(三) 理性思辨

在日常生活和工作中，我们称那种容易冲动、仅凭感情用事的现象为缺乏理智。而理智则表现为主体能辨别是非、利害关系，进而能控制自己的言语和行为的能力。这种能力从认知角度而言，就是与感性相对的理性。理性是指人利用思维运动来判断人、事、物、理。播音主持在其创作过程中，感性与知性相伴，也与理性相伴。知性判断注重对人、事、物、理之真实可信，具体而微；理性思辨建立的注重人、事、物、理之间的逻辑。因此，理性思辨成为具体感受走向整体感受这一思维表达过程的重要一环和必经之路。

就播音主持创作主体而言，理性思辨在把握传播内容与时代、社会的关系和定位，把握传播内容与内容之间、形式与形式之间的关系和定位，把握有声语言内部结构的关系和定位，整合有声语言逻辑感受和形象感受的关系和定位等方面尤为突出。相对于有声语言感性、知性的具体化、定向化，理性更显示出综合化特征。

媒体每天的传播内容和形式，有预设，也有变化，无论是预设还是变化，都在于社会的发展运动和受众的需求变化。然而，同是主体间的交流，传者和受者毕竟责任不同，媒体具有社会引领责任，这就促使任何媒体的播音主持创作主体必须树立政治意识、大局意识、责任意识。就具体节目来说，只要主题、结构框架和词语组织基本定位，有声语言表达的自足性也就有了保证。但是，这并不意味着传者可以不假思索地完成任务。

理性思辨的意义在于让播音主持创作主体针对具体节目，联系与它相关的社会文化背景和历史现实状况，权衡利弊，结合传播语境以及受者文化层次与接受水平，给出相应的言语格调和语气分寸，并贯穿于节目的各个环节。如果我们把感性活动、知性判断定位在有声语言表达的微观层面，那么理性思辨就相对处于有声语言表达的宏观层面。

(四) 悟性生发

悟性，泛指一个人分析和认知事物的能力。播音主持的创作悟性是创作主体在驾驭播音主持作品过程中所具有的以感性、知性和理性为基础的认识和表达能力。有声语言和副语言表达形态的构成，有内容因素，也有形式因素和技巧因素。

播音主持的创作悟性要求创作主体既不脱离有声语言和副语言的表达形态进行构思创作,又能透过表达形态抓住表达的精神实质。这就不是语言本身所能解决的问题,它关系到和语言表达有关联的其他方面的取舍,是创作主体经验知识和表达语境直接碰撞后的语言呈现。通过语言呈现反映语言背后的社会文化,包括创作主体个人的文化积累。

所谓悟性生发,强调的是创作主体悟性的开发拓展。悟性能力有天生的影响,又非天生决定一切,后天的学习能够培养促进悟性生发的环境。佛学中对"觉悟"有"渐悟""顿悟"的说法。播音主持中的创作觉悟过程也有高低快慢之分,它不是单靠表达实践就能获得的,必须由创作主体在表达实践中有意识地学习、体会和积累,它是创作主体长期实践的灵感呈现。这里的实践包括文化学习实践、社会生活实践、节目采编制作实践、有声语言和副语言表达实践。有声语言和副语言创作悟性最终是通过有声语言和副语言表达实践得以展现的。因此,对表达实践这一环节来说,可以将有声语言和副语言的悟性开发作为基础与核心。但这绝不等于可以忽略其他环节的努力,因为它们是相辅相成、同生共荣的关系。

参考文献

[1] 邵建鑫. 刍议亲和力在播音主持中的应用 [J]. 中国报业, 2022（06）：106-107.

[2] 郭铭仁. 论新时代新闻播音主持的语体变化 [J]. 时代报告（奔流）,2021（08）：80-81.

[3] 朱晶. 浅析播音主持语言表达的外部技巧 [J]. 新闻传播, 2022（07）：109-110.

[4] 许伟倩. 融媒体时代电视播音主持有声语言表达 [J]. 大观（论坛）,2021（11）：81-82.

[5] 王东胜. 探析广播主持人多角色播音主持的应变能力 [J]. 记者摇篮,2021(11)：144-145.

[7] 李娅. 播音员主持人语言与发音发声要素的关系 [J]. 传媒论坛，2021,4（12）：71-72.

[8] 卢正涌. 浅谈提升播音主持语言表达能力的方法 [J]. 记者摇篮, 2021（06）：149-150.

[9] 王瑛. 播音员主持人多角色播音主持的应变能力探究 [J]. 新闻文化建设，2021（08）：118-119.

[10] 赵超. 提升播音主持语言表达能力的对策与建议 [J]. 记者摇篮，2020（08）：147-148.

[11] 郭子玥. 新时期播音主持语言美学风格 [J]. 北方文学，2020（20）：93-94.

[12] 万亮亮. 播音员主持人多角色播音主持的应变能力 [J]. 记者观察,2020(12)：135.

[13] 杜金芮. 广播播音主持语言表现力的提升策略 [J]. 西部广播电视,2020(09)：142-143.

[14] 周玉峰. 播音主持的语言美学分析 [J]. 艺术品鉴, 2020（11）: 279-280.

[15] 许婧. 当今语境下播音主持语言艺术的特征探析 [J]. 传媒论坛, 2020, 3（04）: 80, 82.

[16] 徐明媛. 广播电视播音主持语言的创新路径 [J]. 记者摇篮, 2020（02）: 127-128.

[17] 王碧. 电视播音主持语言表现力分析 [J]. 记者观察, 2020（03）: 54.

[18] 付哲. 浅谈播音主持语言魅力提升措施 [J]. 传播力研究, 2019, 3（27）: 144.

[19] 刘勃希. 播音主持语言研究述评 [J]. 声屏世界, 2019（07）: 39-40.

[20] 白兰. 播音主持发声问题探讨 [J]. 唐山文学, 2019（06）: 47.

[21] 徐文珍. 提升播音主持语言表达能力的途径研究 [J]. 采写编, 2019（03）: 101-102.

[22] 王永泽. 播音主持吐字发声特点 [J]. 休闲, 2019（04）: 298.

[23] 郭芮含. 播音发声训练中常见的问题及矫正 [J]. 青春岁月, 2017（01）: 84.

[24] 李想. 播音发声中的语义表达与情感内核探讨 [J]. 视听, 2015（10）: 139-140.

[25] 张家琪. 浅析播音主持教学中的共鸣训练技法 [J]. 戏剧之家, 2015（06）: 259-260.

[26] 吴巍丽. 播音主持中发声的基础教学研究 [J]. 视听, 2015（03）: 174-175.

[27] 李广友. 浅谈播音员主持人的语音艺术 [J]. 新闻传播, 2014（14）: 69.

[28] 许苏, 徐桂林. 播音主持语言表达艺术刍议 [J]. 声屏世界, 2014（06）: 32-33.

[29] 郁金红. 播音主持中的情、声、气 [J]. 视听界, 2012（02）: 116-117.

[30] 曹秋敏. 简论中国播音主持艺术的形成 [J]. 大众文艺, 2013（24）: 199-200.